ZU DIESEM BUCH Babys und Kleinkinder erfahren die faszinierende Bewegungswelt des Wassers und entdecken eine völlig neue Freiheit, wenn das Krabbeln an Land noch schwer fällt. Sie können mit Unterstützung der Eltern durchs Wasser strampeln und alle möglichen spannenden Wasseraktivitäten beginnen: nach Schwimmtieren greifen, mit Wasser spritzen, Schwämme ausdrücken, Eimerchen ausleeren, springen, gleiten und drehen. Dann kommen Schwimmhilfen dazu, und bald machen die Kleinen erste Tauchversuche oder sogar einen kühnen Sprung.

Eltern erfahren, was sie beim Schwimmbadbesuch und bei der Auswahl eines Kursangebotes beachten müssen. Und sie können aus 150 Spielanregungen und Bewegungsideen für Aktionen im, am und mit Wasser auswählen. Ganz nebenbei und spielerisch steht ihnen damit ein hervorragendes Förderprogramm für Intelligenz und Motorik ihrer Kinder zur Verfügung.

HEIKE VAN BRAAK, studierte Sozialwissenschaftlerin und Redakteurin, arbeitet seit Geburt ihrer beiden Kinder als freie Journalistin und Autorin. Neben mehreren Büchern über Populärkultur und zu Gesundheitsthemen hat sie bei rororo «Mit Kindern leben» die folgenden Titel veröffentlicht: «Das beste Spielzeug für mein Kind» (als Laura Conradi – Nr. 60580), «Erste Signale – Schmusen und Sprechen mit dem Ungeborenen» (Nr. 19734) und (gem. mit Bernhard Schön) «Mein Schwangerschaftskalender» (Nr. 60979).

Heike van Braak

So macht Babys Wasser Spaß

150 Spiele und Ideen zum Planschen und Schwimmen

Rowohlt Taschenbuch Verlag

Herausgegeben von Bernhard Schön
und Bernd Gottwald

Redaktion Bernhard Schön

rororo Mit Kindern leben

und

die **Deutsche Liga für das Kind**

Partnerschaft für Eltern, Kinder und Familie

Originalausgabe
Veröffentlicht im Rowohlt Taschenbuch
Verlag GmbH, Reinbek bei Hamburg, Juli 2001
Copyright © 2001 by Rowohlt Taschenbuch
Verlag GmbH, Reinbek bei Hamburg
Umschlaggestaltung Henning Dencks
(Foto: Tony Stone / Dennis O'Clair)
Fotos Wolfgang Schult und Horst Lichte, Hamburg
Zeichnungen Julia Beltz, Wiesbaden
Layout Christine Lohmann
Alle Rechte vorbehalten
Satz Concorde und Orator PostScript,
QuarkXPress 4.11
Gesamtherstellung Clausen & Bosse, Leck
Printed in Germany
ISBN 3 499 60968 1

4

Inhalt

Inhalt

6

Inhalt

Einleitung

Für Babys ist es die absolute Freiheit: Während sie an Land kaum krabbeln können, leben sie ihren Bewegungsdrang im Wasser ohne Probleme aus. Endlich können sie ihren Bewegungsradius erheblich erweitern – und endlich kommen sie auch ans Ziel. Das ist nur einer der Gründe, warum Babys das Wasser lieben. Und zwar nicht nur in der Badewanne, sondern auch im Schwimmbad oder in natürlichen Gewässern. Kein Wunder, dass Kinderjubel wohl nirgendwo lauter ausfällt als im Schwimmbad.

Schon für die Kleinsten wirkt sich die Bewegung im Wasser positiv auf die gesamte weitere Entwicklung aus. Dabei steht bei den ersten Besuchen im Schwimmbad nicht das systematische Erlernen der Bewegungsabläufe und Atemtechniken im Vordergrund, sondern vielmehr das lustvolle Erleben.

Bewegung im Wasser soll und muss Spaß machen! Nur dann fördert es sowohl die geistigen als auch die körperlichen Fähigkeiten des Säuglings. Und auch nur dann entwickeln sich Wahrnehmung und Empfinden des Kindes intensiver, und Gleichgewicht sowie Koordination werden geschult. Außerdem wird das Vertrauen zu den Eltern gestärkt. Denn mit dem Gefühl der Geborgenheit in der Nähe von Mutter oder Vater fühlt sich ein Kind in dem unbekannten Element Wasser sicher und bildet ein ganz neues Selbstbewusstsein. Außerdem kann es mit kleinen Spielen oder einem bunten Ball so abgelenkt werden, dass Ängstlichkeit erst gar nicht aufkommt. Dabei wird Neugierde geweckt, und sie kann bald durch gezieltes Vorwärtspaddeln befriedigt werden. Das macht schon die Kleinsten unheimlich stolz!

Sie verlieren dabei ihre Angst und verfügen über die idealen Voraussetzungen für das spätere Schwimmenlernen.

Übrigens ist die Wassergewöhnung der Babys entgegen vielen Vermutungen keine Modeerscheinung. Im Gegenteil: Es hat Tradition, denn Mütter in allen Ländern der Welt haben ihre Babys schon immer sehr früh mit dem kühlen Nass vertraut gemacht. In den wärmeren Regionen sind es die natürlichen Gewässer, in die die Kinder nicht nur zum Reinigen getaucht wurden. Völkerkundler beschreiben Szenen, in denen schon Säuglinge am Ufer von Flüssen und Seen planschten. Und bereits Ende des 19. Jahrhunderts erschienen die ersten wissenschaftlichen Studien zum Thema Babyschwimmen. So berichtete A. A. Mumford 1897 über die Bewegungsweisen von Säuglingen, und 1939 stellte Myrtle B. McGraw seine Bewegungsbeobachtungen von nur einigen Wochen alten Säuglingen vor, die sich im Wasser in der Bauchlage befanden. Und dieser Wissenschaftler referierte später auch über den Atemschutzreflex. Bald war klar, dass Babyschwimmen die motorischen Fähigkeiten nachhaltig beeinflusst. Und dennoch: Auf großes Interesse stieß das Thema erst in den siebziger Jahren. Plötzlich war die Frühförderung von Säuglingen in aller Munde, und Schlagzeilen wie «Schwimmende Babys sind intelligenter» geisterten durch die Medien.

Heute ist klar, dass Bewegung im Wasser aus sportmedizinischer Sicht schon für die Kleinsten empfehlenswert ist. Doch steht mittlerweile der spielerische Umgang mit dem Element Wasser im Mittelpunkt. Das fördert nicht nur die Bewegungslust und das Selbstvertrauen, sondern ist auch eine besonders gute Erfahrung fürs spätere Schwimmenlernen. Und beim Besuch im Schwimmbad können wichtige Kontakte gepflegt werden. Schließlich gehen die meisten Mütter nicht allein ins Schwimmbad. Sie verabreden sich mit einer Freundin, gehen in eine Spielgruppe oder besuchen einen entsprechenden Kurs. Auf diese Weise können sie die Gemeinschaft mit ihrem Kind in einem Raum entspannter Gemeinsamkeit erleben. Mit ins Schwimmbad gehen auch viele Väter gern – besonders, wenn sich der Besuch am Wochenende ergibt.

Einleitung

Dieser Ratgeber versteht sich aber nicht als ein Leitfaden zum Schwimmenlernen für Kleinkinder. Er ist vielmehr ein großes Spielangebot zur Wassergewöhnung und vor allem ein tolles Entdeckerprogramm für Kinder. Nebenbei erfahren Sie Wissenswertes über Haltetechniken und -griffe sowie die Wirkung des Wassers. Und das Buch hilft Ihnen dabei, ein kindgerechtes Schwimmbad und den richtigen Schwimmkurs zu finden.

ERSTES KAPITEL

Babywellness

Eltern wollen nur das Beste für ihr Kind. Und dazu gehört zweifels-ohne der Wasserspaß. Regelmäßig durchgeführt – also mindestens einmal in der Woche – fördert er gleichermaßen die geistige und kör-perliche Entwicklung.

DIE ENTWICKLUNG DES KINDES

Die erste positive Wirkung des Wassers setzt schon ein, sobald ein Mensch hineinsteigt: Schließlich fördert der Kältereiz die Durchblu-tung. Schwimmen ist also das reinste Gefäßtraining! Beim Baby be-einflusst die Bewegung im Wasser zudem das Herz-Kreislauf-System sowie die Lungenfunktion positiv. Und auch der Stütz- und Bewe-gungsapparat kann sich durch diese Bewegungsart besser entwickeln. Dabei werden durch den Auftrieb Gelenke und Bänder entlastet. So-mit ist die Bewegung im Wasser ideal, um bereits frühzeitig den immer häufiger auftretenden Haltungsschäden vorzubeugen. Nicht zuletzt sind Babys, die regelmäßig im Schwimmbad herumplanschen, wider-standsfähiger gegen Infektionen. Ein Kind wird quasi abgehärtet und bildet vermehrt Antikörper, sobald es ab etwa dem dritten Monat nicht mehr von der Immunabwehr der Mutter gestärkt wird.

Doch nicht nur körperlich profitiert Ihr Baby von der Wasserge-wöhnung. Auch der psychische Entwicklungsprozess wird gestützt. Und mit der Zeit unterscheidet es sich auch in seiner Motorik deut-lich von Kindern, die nicht oder nur selten ins Schwimmbad dürfen. Eigentlich wenig verwunderlich, denn im Wasser herrschen ganz andere physikalische Bedingungen. Ihr Kind kann nach Herzenslust strampeln und planschen. Es ist für das Kleine die erste Form der Fortbewegung. Und dass es ohne Unterbrechung in Bewegung bleibt, wird durch den Unterschied von Wasser- und Körpertemperatur aus-gelöst. Schon dieser kleine Unterschied löst das Paddeln ebenso aus wie die spontanen Empfindungen des Kindes.

Mit der Zeit tollt das Baby im Wasser herum wie ein junger Hund

Babywellness

und genießt jede Minute. Am liebsten würde es gar nicht mehr aus dem Wasser herauskommen. Und viele Babys reagieren auch mit lautem Protest, wenn der Schwimmbadbesuch beendet ist. Schließlich gelingt ihm im Wasser so manches, was mit festem Boden unter den Füßen einfach nicht klappen will. Trotz aller Versuche und noch so großer Anstrengungen!

Wer im Wasser fleißig übt, hat es mitunter viel schneller raus, wie der Kopf gehoben und aufrecht gehalten wird oder wie später das Krabbeln und Kriechen denn nun wirklich funktioniert. Und plötzlich spielen auch die Beinchen richtig mit.

Die Bewegungsvielfalt wird deutlich erhöht, und auch die Koordination klappt besser. Und da es sich im Wasser in einem schwerelosen Zustand befindet, entwickelt das Baby schon früh ein Gleichgewichtsgefühl.

> So fördert Wasserspaß die Motorik:
> – Kinder lernen ihren Körper kennen;
> – sie bewegen sich mehr;
> – die Muskulatur wird gekräftigt;
> – Verspannungen werden abgebaut;
> – der Kopf wird länger angehoben und gehalten;
> – das Krabbeln fällt leichter.

Ideal ist die Bewegung im Wasser auch für Kinder mit einer leichten zerebralen Bewegungsstörung. Sie fallen meist durch ihre besondere Ungeschicklichkeit auf und haben große Schwierigkeiten, ihre Bewegungen zu koordinieren. Durch regelmäßige Schwimmbadbesuche können diese Defizite oftmals ausgeglichen werden. Fragen Sie Ihren Kinderarzt! Wichtig ist, dass Sie sich einem Schwimmpädagogen mit einer speziellen Zusatzausbildung anvertrauen!

Schwimmen ist für alle Babys ein kleines Abenteuer. Sie erleben im Wasser, was sie an Land so nie erfahren können. Sie lernen, was Tiefe ist, und machen wichtige Erfahrungen in einem neuen Milieu.

Das Baby sammelt Erfahrungen, die auch sein Selbstbewusstsein stärken. Denn erstmals in seinem Leben kann es sich aus eigener Kraft von seiner Mutter fortbewegen und auch wieder zu ihr zurückkehren. Es kann seine Bewegungen koordinieren und dadurch Ziele bewusst ansteuern. Und das macht es ungeheuer stolz!

> Bewegung im Wasser fördert
> – die Geschicklichkeit,
> – das Gleichgewicht,
> – die Koordination,
> – die Kräftigung des Körpers,
> – die Körperhaltung,
> – die Wahrnehmung.

Die Planscherei in Becken oder Badewanne hat aber noch einen anderen positiven Nebeneffekt: Nach einiger Zeit im Wasser schlafen selbst Kinder ein, die sonst um diese Uhrzeit noch putzmunter sind und ihre Eltern damit oftmals zur Verzweiflung bringen; und sie schlafen lang und tief.

Grundsätzlich außer Frage stehen die positiven Einflüsse der Bewegung im Wasser auf die Gesamtentwicklung eines Babys. Für Kinder, deren Entwicklung verzögert ist, kann sie sogar einen therapeutischen Wert haben und sollte keinesfalls unterschätzt werden. Und diese Anregung der Bewegungsreize wirkt sich natürlich auch auf behinderte und kranke Kinder sehr vorteilhaft aus. Nirgendwo sonst bietet sich integrative Arbeit so an wie hier. Behinderungen fallen im Wasser nicht so auf, und zudem stehen die Kinder erst am Anfang ihrer Entwicklung. Die anfängliche Betroffenheit, die oftmals bei der Begegnung mit schwer behinderten Kindern entsteht, wird in der Regel rasch abgebaut. Dann freuen sich Eltern von behinderten und nicht behinderten Teilnehmern gleichermaßen über die kleinen Fortschritte. Und plötzlich wird der Umgang mit Behinderungen zu etwas ganz und gar Natürlichem.

Babywellness

Fragen Sie bei körperlichen Beeinträchtigungen einen Arzt. Er kann eventuelle Risiken ausschließen und Ihnen vielleicht auch einen geeigneten Kurs in Ihrer Nähe empfehlen.

FRÜHFÖRDERUNG DURCH BABYSCHWIMMEN

Anfang der 70er Jahre geriet das Säuglingsschwimmen in die Schlagzeilen. Der «erste Schwimmlehrer der Welt für Babys», Heinz Bauermeister, sorgte damals für Aufmerksamkeit. Die Zeitungen berichteten über «Die Zweijährige, die 26 m taucht», von «Eva holte sich den Weltrekord – Zweieinhalbjährige bekam Abzeichen» und «Weltrekordler knapp drei Jahre alt!».

Es war der falsche Ehrgeiz vieler Eltern, der nach den sensationellen Meldungen dafür sorgte, dass Schwimmkurse für Babys boomten. Die Erwartungshaltungen waren gewaltig. Doch nach und nach kamen Fachleute und Eltern gleichermaßen zu einer nahe liegenden Erkenntnis: Solch herausragende Leistungen, wie sie von den Zeitungen berichtet wurden, waren bei den meisten Kindern nur mit rücksichtslosem Drill zu erreichen. Zum Glück hatte bald darauf niemand mehr den Ehrgeiz, Babys zu neuen Schwimm- oder Tauchrekorden anzustacheln.

Doch kaum hatten sich die Wogen geglättet, gab es neue Schlagzeilen: «Wasser macht aus Babys kluge Kinder» oder «Schwimmen macht Babys klüger». In einer Zeit, in der sich alles um vorschulische Begabungsförderung drehte, waren diese Meldungen Wasser auf die Mühlen elterlichen Ehrgeizes.

Heute gehen die meisten Eltern dieses Thema lockerer an. Sie wollen in erster Linie Spaß für ihr Kind. Und sie haben verstanden, dass es gerade dieses lustvolle Erleben ist, das der kindlichen Entwicklung zugute kommt. Mit der Lust ist es aber vorbei, sobald den Kleinen massiver Leistungsdruck im Nacken sitzt. Das bedeutet natürlich auch: Streichen Sie das Bad, wenn dem Baby einmal nicht der Sinn danach steht. In der Regel verkündet es seinen Unmut mit lautem Ge-brüll, und dies sollte dann unbedingt berücksichtigt werden. Ver-schieben Sie Ihren Schwimmbadbesuch auf einen Tag, an dem Ihr Kind wieder so richtig gut drauf ist. Davon profitieren Sie beide! Viel-leicht bekommt Ihr Kind gerade Zähne, möchte lieber nur mit Ihnen kuscheln oder hat einfach einen schlechten Tag.

Also: Das Allerwichtigste ist und bleibt der Spaß! Wenn Ihr Baby im Wasser vor Vergnügen quietscht und strampelt, liegen Sie goldrich-tig. Aus diesem lustbetonten Erleben heraus fördert Bewegung im Wasser das psychische und soziale Verhalten Ihres Babys. Es wird mit der Zeit selbstbewusster und mutiger. Es kann sich besser konzentrie-ren, wird aufnahmefähiger und leistungsbereiter.

Achten Sie darauf, dass Sie Ihr Kind nicht überfordern! Das Allerwichtigste ist und bleibt der Spaß!

Planschend erwirbt Ihr Kind aber auch noch eine ganz andere Fähig-keit: Es lernt, soziale Kontakte zu knüpfen. Nachdem es die ersten Trennungsängste überwunden hat, paddelt das Baby schon bald mun-ter drauflos und entdeckt das Becken für sich. Es erforscht dabei nicht nur die Sprossenleiter und neue Spielgeräte, sondern unter-nimmt auch zarte Versuche, mit anderen kleinen und großen Bade-gästen Kontakt aufzunehmen. Es reagiert darauf, wenn die ältere Dame am Beckenrand lächelt oder das Mädchen mit der roten Bade-hose zaghafte Annäherungsversuche macht. Was es wohl will? Viel-leicht zusammen mit der Gießkanne spielen? Oder doch lieber ein kleines Wettpaddeln veranstalten? Jetzt wird es für das Kleine richtig spannend!

Babywellness

«Ob ich mir den Ball schon holen kann?» Eins der vielen Spiele im Babyschwimmkurs

NATURTALENT BABY?

Sind Babys Naturtalente? Wurde Ihnen die Fähigkeit zu schwimmen gleichsam in die Wiege gelegt? Tatsächlich beginnt ein Säugling mit Armen und Beinen zu strampeln, sobald er bäuchlings ins Wasser gehalten wird. Und auch die vorgeburtlichen Bedingungen, das Leben im Fruchtwasser, deuten zunächst darauf hin, dass Babys nach der Geburt automatisch schwimmen können. Alle Erfahrungen sprechen jedoch dagegen, dass Säuglinge wirklich Naturtalente als Wasserratten sind. Die Bewegungen des Kindes beim Eintauchen scheinen lediglich ein überschwänglicher Ausdruck seiner Freude zu sein. Endlich kann es sich frei bewegen, ohne gegen die Schwerkraft ankämpfen zu müssen. Mit dem Wasserwiderstand wird es fast spielend fertig, und die kleinen Spritzer beim Paddeln sind irgendwann nur noch Klasse.

Dabei kann es durchaus sein, dass sich der kleine Körper aufgrund seiner Proportionen und seines spezifischen Gewichts auch ohne Hilfe einige Minuten lang über Wasser halten kann. Das klappt allerdings nur bis zum Ende des ersten Lebensjahres – und zwar in der Rückenlage bei einer sehr ruhigen Wasseroberfläche. Die kleinste Bewegung reicht dann schon aus, um das Baby untergehen zu lassen. Und je mehr es dabei zappelt, desto schneller versinkt es. Jetzt kann nicht einmal der Atemschutzreflex den Säugling davor bewahren, Wasser zu schlucken. Dringt es in den Mund und in die oberen Atemwege ein, ist die Panik vorprogrammiert – und der Spaß am Schwimmen zumindest vorerst dahin.

Es ist also alles andere als empfehlenswert, das Naturtalent Ihres Kindes auszutesten, indem Sie es im Wasser einfach loslassen. Von diesem Schock erholt es sich so schnell nicht wieder, und unter Umständen vermiesen Sie ihm die Badefreuden ein Leben lang! Bauen Sie vielmehr auf Nummer Sicher! Und ermöglichen Sie Ihrem Kind einen durchdachten Lernprozess, der ihm ausreichend Zeit lässt, um sich die Atem- und Auftriebstechniken auf eine spielerische Art und Weise anzueignen. Ohne Druck und aus freiem Antrieb! Schon bald beherrscht es dann die einzelnen Schwimmbewegungen, wobei anfangs Reifen oder Flügel die notwendige Sicherheit verleihen. Erwarten Sie aber bitte nicht zu viel!

Denken Sie daran: Ein Kind kann erst ab einem Alter von etwa sechs Monaten zielgerichtet vorwärts paddeln.

Bedenken Sie auch, dass das Baby in der Bauchlage den Kopf über Wasser halten muss, um richtig atmen zu können. Also bitte keinen falschen Ehrgeiz entwickeln! Ihr Kind verliert so nur den Spaß an der Freud!

Babywellness

Wenn ein Kind nun aber nicht von Geburt an schwimmen kann, warum setzen Eltern es überhaupt diesem mit Gefahren verbundenen Element aus? Vergleicht man die derzeit weltweit praktizierten Babyprogramme, gibt es fünf definierte Ziele des Babyschwimmens:

1. Selbstrettung
2. Unterwasserbabys
3. Frühes Schwimmenlernen
4. Spiel und Spaß
5. Frühförderung und Therapie

Zu 1.: Natürlich orientiert sich die Methode des Babyschwimmkurses daran, welches Ziel angestrebt wird. Beispielsweise ist es in vielen Ländern, in denen der Swimmingpool am Haus fast schon zum Standard gehört, eine Selbstverständlichkeit, dass Kinder möglichst früh schwimmen lernen. Entsprechende Kurse werden als Überlebenstraining angeboten, und die Nachfrage ist gewaltig. Dabei geht es dort nicht besonders schonend zu: Die Säuglinge werden vom Schwimmlehrer schlicht und ergreifend untergetaucht. Anschließend haben die Eltern die undankbare Aufgabe, die geschockten Babys auf den Arm zu nehmen und zu trösten. Sie stehen während dieser brutalen Aktion am Beckenrand – motiviert von dem Wunsch, ihr Kind vor dem Ertrinken zu bewahren.

Zu 2.: Noch relativ neu ist, dass Krankenhäuser in immer mehr Ländern der Welt eine Wassergeburt anbieten. Eltern, die erlebt haben, wie ihre Kinder ins Wasser hinein geboren werden, nehmen ihre Säuglinge oftmals in einem Alter von nur wenigen Tagen mit ins Schwimmbad. Dort sollen die Kleinen das wiederholen, was sie schon im Kreißsaal gemacht haben: Sie sollen tauchen. Allerdings nutzen Eltern dabei meist die Erfahrung der Hebamme, die sich in einer entsprechenden Zusatzausbildung nicht nur mit der Wassergeburt, sondern auch mit «Unterwasserbabys» auseinander gesetzt hat. Umstritten ist dabei allerdings, ob dieser sehr frühe Schwimmbadbesuch wirklich sinnvoll ist. Schließlich müssen auch diese Babys später systematisch schwimmen lernen. Zudem besteht eine akute Infektionsgefahr, da die Nabelwunde noch nicht ausgeheilt ist. Die Babys selbst werden mit einer Reizüberflutung konfrontiert, die sie kräftig aus dem Gleichgewicht bringen kann. Der Säugling muss nicht nur die Eindrücke des Schwimmbades verdauen, sondern auch das An- und Auskleiden in einer fremden Umgebung, die Anfahrt, die vielen fremden Menschen und, und, und.

Zu 3.: In einigen Ländern ist das frühe Schwimmenlernen stark mit dem Leistungsgedanken verbunden. Dort sehen die Eltern den späteren Medaillengewinn als Motivation für einen methodischen Schwimmunterricht mit Säuglingen und Kleinkindern. Und weil es sich im Sport bewährt hat, dass die Chance auf Erfolg größer ist, je eher das Ziel angestrebt wird, müssen schon die Kleinsten sich im Wasser bewähren. Angestachelt durch den falschen Ehrgeiz der Eltern werden sie mit Auftriebshilfen dazu animiert, fleißig ihre Runden zu drehen. Dabei wird die Luft in den Schwimmflügeln oder -reifen immer mehr reduziert – bis die Kleinen ohne diese Hilfsmittel schwimmen können.

Zu 4.: Ganz anders geht es in den Kursen zu, in denen der Spaß und das lustvolle Erleben im Mittelpunkt stehen. Mit jeder Menge Spielzeug im Becken werden die Kleinen zunächst mit dem unbekannten Element Wasser vertraut gemacht. Sie sollen Selbstbewusstsein entwickeln und voll auf das Vertrauen zu Mutter oder Vater setzen können. Und in einer freundlichen, entspannten Atmosphäre macht es später auch Spaß, von der Leiter ins Wasser zu springen oder sich zum ersten Mal auf Tauchstation zu begeben. In diesen Kursen werden Lerntempo und Bereitschaft der einzelnen Teilnehmer berücksichtigt. Für den Leistungsgedanken bleibt da kein Platz!

In freundlicher und entspannter Atmosphäre entwickelt das Baby Selbstbewusstsein und Spass am nassen Element.

Zu 5.: Weitere Aspekte des Babyschwimmens sind sicherlich die Frühförderung sowie die Therapie. Zahlreiche Studien haben belegt, dass sich Kinder, die bereits früh an die Bewegung im Wasser gewöhnt wurden, besser entwickeln. Und das können auch die Eltern

Babywellness

bestätigen, die mit ihren Kindern regelmäßig ins Schwimmbad gehen. Sie freuen sich darüber, dass sich ihre Kinder nicht nur prächtig entwickeln, sondern auch sehr ausgeglichen sind. Und dass Bewegung im Wasser einen großen therapeutischen Wert hat, belegt die Praxis beispielhaft. Nicht nur hierzulande, sondern auch in Frankreich und Finnland wird bereits sehr früh mit behinderten Kindern im Wasser gearbeitet.

ZWEITES KAPITEL

Lebensraum Wasser

Für ein Baby ist das Wasser ein unbekanntes Element. Kaum ist es eingetaucht, verändert sich alles. Schon das Gefühl des Wassers auf der Haut ist etwas Einmaliges. Wie es den kleinen Körper umschmeichelt und in kleinen Wellen angeschwappt kommt, verwirrt und verführt es das Baby zugleich. Doch meist vergisst es recht schnell seine Unsicherheit, und es entsteht etwas ganz anderes: Neugierde. Sie treibt das Baby bei seinen Experimenten in dieser neuen Welt zu persönlichen Höchstleistungen an.

NEUE GEFÜHLE UND REAKTIONEN

Das Wasser hat seine eigenen physikalischen Gesetze. Und die ermöglichen es, dass schon ein Baby dort ganz andere Erfahrungen machen kann. Im Wasser steht plötzlich die motorische Welt des Säuglings Kopf. Er braucht nicht länger gegen die Schwerkraft anzukämpfen und kann endlich auf eigene Faust seinen Bewegungsradius erheblich erweitern. Das Baby kann zielstrebig von seiner Mutter wegpaddeln. Und es kann zurückkehren, wann immer ihm der Sinn danach steht. Andere Ziele rücken ebenfalls in greifbare Nähe. Ein tolles Gefühl!

Die Atmung fällt dem Säugling im Wasser allerdings schwerer. Es kostet Kraft, den kleinen Brust- und Bauchraum gegen den Druck des Wassers um ihn herum zu erweitern. Dafür stärkt es die Atemmuskulatur und erhöht die Vitalkapazität, also das Einatemvolumen in der Lunge. Ein hervorragendes Training! Das Ausatmen fällt dagegen viel leichter, und auch der Rücktransport des Blutes zum Herzen wird verbessert.

Schon der Einstieg ins Wasser löst physiologische Reflexe aus.

Die Herzfrequenz wird beim Eintauchen reduziert und die Nieren angeregt. Es wird vermehrt Wasser ausgeschieden.

Ungewohnt ist es für das Baby, wenn es eintaucht und zum ersten

Ein tolles Gefühl: «Ich kann ganz allein zur Mama kommen!»

Mal das Gewicht des Wassers über sich spürt. Schließlich ist Wasser viel dichter und schwerer als Luft. Und das Wasser auf der Haut fühlt sich auch ganz anders an. Zwar gelingen die einzelnen Bewegungsabläufe deutlich besser, aber sie kosten aufgrund der Wasserdichte auch mehr Kraft als an Land. Deshalb bewegt sich das Baby nun langsamer. Herumpaddeln ist das reinste Muskeltraining! Und durch diesen Kraftsport im Wasser entstehen auch zusätzliche Anreize auf den Knochenbau, der sich gleichmäßig ausbilden kann. Dies geschieht natürlich nur, wenn Sie regelmäßig mit Ihrem Kind schwimmen. Also mindestens einmal in der Woche!

Besonders lebhafte Kinder erhalten im Wasser regelrecht einen Dämpfer, denn auch ihre Bewegungen fallen zwangsläufig langsamer aus. Und nach einem ausgiebigen Bad sind sie nicht nur ruhiger, sondern auch ordentlich müde. Sie schlafen nach einem Schwimmbadbesuch garantiert prima ein.

AUFTRIEB UND WIDERSTAND

Die Wasserdichte bewirkt aber noch etwas: Der Säugling erfährt beim Eintauchen ins Wasser statischen Widerstand. Er hebt das Gewicht des Körpers auf, und das Kind schwebt quasi im Wasser. Der dynamische Auftrieb hat dagegen zur Folge, dass ein Körper in der Fortbewegung eine flachere Haltung einnimmt. Und das ist auch gut so, denn der Wasserwiderstand bremst das Vorwärtskommen dadurch weniger stark ab. Bestimmt wird diese Kraft des Wassers nämlich von der Form des Körpers und von der Schwimmgeschwindigkeit. Und natürlich von der Lage: So macht das Baby beispielsweise in der

Schon ab dem dritten Monat klappt die Fortbewegung im Wasser.

Lebensraum Wasser

Schräglage – also 50 bis 70 Prozent zur Wasseroberfläche – ausschließlich Lauf- und Radfahrbewegungen. Säuglinge treten und strampeln kräftig in Richtung Boden und erreichen damit den Auftrieb sowie einen kleinen Vortrieb. Liegen die Babys jedoch waagerecht im Wasser, sehen die Bewegungsabläufe plötzlich ganz anders aus. Die Kleinen ziehen ihre Beine an und stoßen sie dann nach hinten weg – und zwar gleichzeitig. Dieses Wegdrücken kommt dem Beinschlag schon sehr nahe und bewirkt auch einen entsprechenden Vortrieb.

Wasser weist physikalische Besonderheiten auf.

Die Wärmeleitfähigkeit des Wassers ist 25-mal größer als die der Luft. Dadurch gibt das Baby im Wasser vermehrt Wärme ab. Bleibt es zu lange im kalten Wasser, verfärben sich seine Lippen blau, und es bekommt eine Gänsehaut. Dies sind die ersten Anzeichen für eine Unterkühlung. Also: 15 Minuten reichen anfangs aus!

DER ATEMSCHUTZREFLEX

Dieser angeborene Reflex blockiert die Atmung, sobald das Gesicht des Babys mit Wasser bedeckt ist. Folglich schließt es Mund und Nase sofort unbewusst, wenn die äußeren Atemwege mit Wasser in Kontakt kommen. Der Atemschutzreflex dient eigentlich mit Einschränkungen dazu, bei der Aufnahme flüssiger Nahrung die Stimmritze zu schließen. Auf diese Weise gelangt die Nahrung ausschließlich in die Speiseröhre und nicht in die Luftröhre. Der Reflex setzt übrigens nur bis zum sechsten Lebensmonat ein. Einige Wissenschaftler gehen sogar davon aus, dass er bereits in einem Alter von drei bis vier Monaten verschwindet.

Beim Baden oder Planschen verhindert dieser Atemschutzreflex, dass der junge Säugling Wasser schluckt. Der Reflex bietet jedoch keinen Schutz vor dem Verschlucken und garantiert auch nicht – wie fälschlicherweise oft vermutet wird –, dass Babys ohne Risiko tauchen können!

Gelangt das Kind unverhofft unter Wasser, kann unter Umständen trotz des Reflexes Wasser in die Lunge gelangen.

Schluckt ein Kind bei diesen Tauchübungen große Mengen an Wasser, droht eine Wasservergiftung. Außerdem besteht die Gefahr, dass der Elektrolyse-Haushalt durcheinander gerät. Dieser Zustand ist lebensbedrohlich!

Kein Risiko für die Gesundheit Ihres Kindes existiert, wenn es nur wenig Wasser schluckt. Dann reicht es durchaus, wenn Sie Ihrem Kind leicht auf den Rücken klopfen und es mit liebevollen Worten beruhigen. Lenken Sie es ab, damit es den Schreck möglichst schnell vergisst.

Aber auch wenn sich ein Baby bei den ersten Tauchversuchen nur ein einziges Mal verschluckt, bleibt der Sinn dieser Übung fraglich. Schließlich kann der Atemschutzreflex nicht in das bewusste Erlernen der Atemtechnik umgewandelt werden. Und viele Befürworter verschweigen auch gar nicht, dass diese sehr frühen Tauchgänge oftmals mit einem gewaltigen Schreck, mit viel Gebrüll und noch mehr Tränen verbunden sind. Natürlich sind die Kleinen davon alles andere als begeistert.

Also: Warten Sie mit den ersten Tauchübungen, bis Ihr Kind spielerisch versucht abzutauchen – und zwar aus eigenem Antrieb! Erwarten Sie zu viel und das obendrein noch zu schnell, verliert Ihr Kind nicht nur die Lust, sondern auch das Vertrauen. Und dann ist es schwer, Schwimmen wieder zu einem lustvollen Erlebnis zu machen.

DIE ANGST VORM WASSER

Babys, die schon in den ersten Lebensmonaten mit ins Schwimmbad dürfen, haben nur sehr selten Angst. Denn zu diesem Zeitpunkt ist das Vertrauen in Mutter und Vater noch grenzenlos. Wenn die Eltern

Lebensraum Wasser

In der Nähe der Mutter ist die erste Unsicherheit bald vergessen.

das Kind also mit ins Wasser nehmen, verspürt das Kind trotz der ungewohnten Umgebung keine Unsicherheit.

Ganz anders sieht es aus, wenn das Kind bereits zwei oder drei Jahre alt ist. Denn dann hat es bereits die ersten unangenehmen Erfahrungen gemacht. Und es weiß ganz genau, was Schmerz ist. Es hat sich bestimmt schon mehr als einmal ein Knie aufgeschlagen, sich den Kopf gestoßen oder sich vielleicht sogar schon einmal verbrannt. Darin liegt die Angst vor allem Unbekannten begründet – und das ist auch gut so!

Diese Angst beschützt ein Kind immer dann, wenn es eine Gefahr noch nicht richtig einschätzen kann.

Es gibt aber auch noch andere Gründe für Angst. Meist entsteht sie dann, wenn das Kind bereits negative Erfahrungen mit Wasser gemacht hat. Wenn es beispielsweise unter die Dusche gezwungen wurde, beim Baden immer Stress angesagt ist, es Wasser geschluckt hat oder das Haarewaschen immer mit viel Geschrei und noch mehr Druck vonstatten geht.

Natürlich kann es durchaus sein, dass Sie Ihre eigene Angst auf Ihr Baby übertragen haben. Wenn Sie es im Wasser ängstlich an sich drücken und fest umklammern, brauchen Sie sich über seine Reaktion nicht zu wundern. Woher soll es wissen, dass Sie zwar verunsichert sind, es aber nicht in Gefahr schwebt? Wenn Sie Ihrem etwas älteren Kind pausenlos erklären, dass es vor Wasser keine Angst haben muss, können Sie ebenfalls Ängste schüren. Damit stoßen Sie es mit der Nase darauf, dass es womöglich doch einen Grund zur Beunruhigung gibt. Vermeiden Sie es auch, Ihr Kind schon vor einem schmalen Bach zu warnen und es aufzufordern, um jede Pfütze einen Riesenbogen zu machen. Lassen Sie es eigene Erfahrungen machen!

WAS SIE TUN KÖNNEN

Hat Ihr Kind beim Baden Angst? Dann hinterfragen Sie doch einmal kritisch, ob
– die Wanne zu eng oder zu rutschig ist;
– das Wasser die richtige Temperatur hat;
– das Badezimmer zu grell oder nur unzureichend beleuchtet ist;
– das Badezimmer zugig oder kalt ist;
– das Bad nur zur Reinigung genutzt wird;
– der Waschlappen weich ist oder kratzt;
– die Seife brennt;
– Ihr Kind in der Wanne nur wenig Zeit zum Spielen hat;
– beim Bad meistens Hektik ausbricht;
– ausreichend Spielzeug in der Wanne ist;
– Sie beim Baden unsicher sind.

Manchmal reicht es schon aus, eine Kleinigkeit zu ändern, um Ihrem Kind die Angst vor dem Bad zu nehmen. Versuchen Sie beispielsweise einmal, Ihrem Kind mit einem Handtuch oder einer Mullwindel auf dem Wannenboden mehr Halt zu geben. Oder verwenden Sie etwas Badezusatz. Die Schaumberge lenken ab und ermuntern zum Spielen. Und wenn sie dann noch gut riechen, macht das Baden gleich doppelt so viel Spaß. Ein ganz weicher Schwamm bewirkt, dass das Waschen zur Streicheleinheit wird, und eine Spieluhr in der Nähe beruhigt noch zusätzlich. Achten Sie bei der Haarwäsche darauf, dass das Wasser nicht in die Augen oder in die Ohren läuft. Kinder hassen das! Um das zu verhindern, beugen Sie Ihr Kind beim Haarewaschen leicht nach hinten. Und vielleicht sollten Sie einmal ausprobieren, ob das angepriesene Babyshampoo wirklich nicht in den Augen brennt. Da stellt sich auch gleich die Frage, ob Sie bei den wenigen Härchen überhaupt ein Shampoo benötigen. Muss das wirklich sein? Weitere Ideen zum Thema Badespaß finden Sie ab S. 35.

Besonders wichtig ist Ihre eigene Einstellung zum Bad. Wenn Sie dieses Ritual als etwas Schönes sehen, sich Zeit nehmen und darauf freuen, wird auch Ihr Baby bald seine Unsicherheit ablegen. Es wird vergnügt strampeln und mit den Ärmchen rudern, wenn es die gefüllte Badewanne sieht. Haben Sie jedoch Angst, überträgt sich dieses Gefühl nur allzu schnell auf Ihr Kind.

Ein verunsichertes Kind signalisiert sein Schutzbedürfnis sehr deutlich. Es fordert die Mutter wiederum zum Umklammern und Festhalten auf.

Es ist gar nicht so leicht, aus diesem Teufelskreis wieder herauszukommen. Oftmals geht das nur, wenn Mutter und Kind entsprechende Bewegungsangebote in einer Gruppe nutzen.

Versuchen Sie zunächst, Ihre eigene Angst zu bekämpfen. Beispielsweise durch Information oder durch Trockenübungen. Vielleicht können Sie auch einmal alleine zu einem Babyschwimmkurs gehen und einfach zusehen, wie geschickt sich schon die Kleinsten im Wasser bewegen. Manchmal reicht das allein schon aus, um die verborgene Unsicherheit abzulegen. Haben Sie keine Angst mehr, können Sie auch an Ihr Kind keine unguten Gefühle weitergeben.

Nur bei ganz wenigen Kindern hat die Vorsicht tiefere Ursachen. Können Sie alle anderen Gründe ausschließen, empfiehlt es sich, einen Kinderpsychologen oder -therapeuten zurate zu ziehen. Denn in einem solchen Fall bezieht sich die Angst vielleicht nicht allein aufs Wasser. Vielmehr kann sie Ausdruck für ein ernsthaftes Problem sein, das die freie Entfaltung des Kindes ernsthaft gefährden kann.

Drittes Kapitel

Badespaß
in der Wanne

Vor einigen Jahren durften Neugeborene in den ersten Wochen wegen der Nabelwunde nicht gebadet werden. Heute ist dies anders. In fast allen Kliniken werden die Babys von Anfang an gebadet. Zu Nabelinfektionen kommt es dadurch nicht. Im Gegenteil: Das Bad fördert sogar das Austrocknen des Nabelgrundes.

DAS A UND O FÜRS BABYBAD

Entwicklungspsychologen sind sich mittlerweile darüber einig, dass das Planschen im Wasser eine lustvolle Erinnerung an das vorgeburtliche Leben im mütterlichen Fruchtwasser ist. Und die wohltuende, entspannende Wärme des Wassers darf der Säugling in der Regel auch direkt nach der Geburt auskosten. Er wird von der Hebamme oder vom Vater vorsichtig gebadet und kann dabei den Geburtsstress abstreifen. Eine tolle Sache für das Neugeborene und natürlich auch eine schöne Erfahrung für den Vater! Er kann auf diese zärtliche Art und Weise ein Band knüpfen, das ein ganzes Leben hält.

Allerdings kann dem Baby die angeborene Lust am Baden durchaus vermiest werden. Nämlich dann, wenn bei der ohnehin überflüssigen täglichen Grundreinigung Hektik aufkommt oder wenn die jungen Eltern zu ängstlich und zu vorsichtig sind. Nur allzu schnell kommt den Kleinen dann Wasser in Ohren oder Augen, was sie ganz und gar nicht leiden können. Mit Babys Geduld ist es endgültig vorbei, wenn sein Kopf vom schützenden Arm der Mutter ins Wasser rutscht. Eine unangenehme Überraschung! Sie sorgt dafür, dass der Kontakt mit Wasser Angst auslöst und das Kind eine nur zu verständliche Scheu entwickelt.

Machen Sie sich selbst keinen Stress, und lassen Sie lieber mal ein Bad ausfallen, wenn die Zeit zu knapp ist.

Häufiges Baden, und dann auch noch mit Seife oder Badezusätzen, schadet ohnehin nur der schützenden Fettschicht, die die Babyhaut

Badespaß in der Wanne

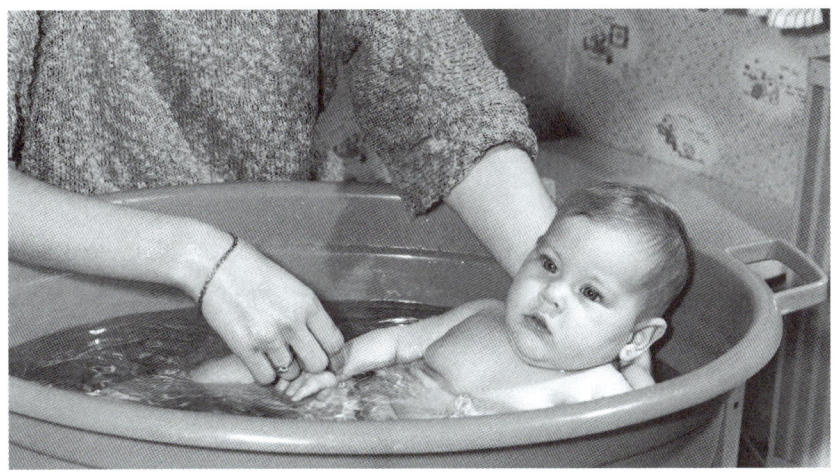

Der Kopf des Kindes ruht sicher auf Mutters Unterarm.

umhüllt. Außerdem werden bei zu häufigem Waschen auch die Vorstufen von Vitamin D aus der Haut regelrecht herausgewaschen. Und da Säuglinge sich ohnehin nicht schmutzig machen, reicht es aus hygienischen Gründen durchaus, wenn sie zweimal in der Woche mit klarem Wasser gereinigt werden.

Generell gilt: Baden Sie Ihr Kind lieber weniger, dafür ausgiebiger. Schließlich soll das Wasser mit Genuss und Spaß verbunden werden.

Gegen Ihre eigene Unsicherheit können Sie etwas unternehmen: Belegen Sie doch einfach vor der Geburt einen Säuglingspflegekurs oder üben Sie an einer Puppe. Dann sitzen die Handgriffe bald sicher. Das Bad wird schnell zu einem liebevollen Familienritual, wenn erst einmal die Ängste der Mutter und des Vaters abgebaut sind. Machen Sie das Bad und die Pflege danach zu einer zärtlichen Schmusestunde, in der sich Ihr Kind geborgen und geliebt fühlt. Reden Sie während des Bades und auch danach mit Ihrem Kind, und suchen Sie den Blickkontakt, damit es sich stets sicher und geborgen fühlt.

Schon nach den ersten Wochen sorgt dann ein Schwimmtier oder ein anderes Badespielzeug zusätzlich für jede Menge Spaß. Ebenfalls zu empfehlen sind Bilderbücher aus Kunststoff – allerdings nur, wenn es sich hierbei um deutsche Produkte handelt. Denn nur sie garantieren in der Regel dafür, dass die Bücher schadstofffrei sind.

Gerade für größere Kinder ist es wichtig, dass sie ausreichend Zeit zum Planschen und Spielen haben. Das Waschen kommt erst ganz zum Schluss und geht dann relativ fix.

Legen Sie sich vor dem Bad alles parat. Denn ist das Kind erst im Wasser, können Sie nicht mal eben kurz springen, um den zuvor vergessenen Waschlappen noch zu holen. Wenn Sie nicht mit in die Wanne steigen wollen, ist eine Badematte zwingend notwendig. Sie sorgt dafür, dass keiner ausrutscht.

SO WIRD DAS BAD ZUM ECHTEN VERGNÜGEN

Darauf sollten Sie unbedingt achten:

→ Wasser darf nicht zur Bedrohung werden! Sprechen Sie mit Ihrem Kind und suchen Sie stets den Blickkontakt! Das Baby soll sich in der Wanne geborgen und sicher fühlen. Und diese Sicherheit vermitteln Sie mit Ihrem Verhalten!

→ Die meisten Babys vertragen es nicht, wenn sie mit vollem Magen gebadet werden. Sie reagieren häufig mit Unwohlsein auf den Wasserdruck in der Wanne. Sinnvoller ist ein Bad vormittags vor der zweiten Mahlzeit oder abends vor der letzten. Ideal ist das Bad am Abend für Kinder, die nur schlecht einschlafen.

→ Die Wassertemperatur muss stimmen! Sie sollte 35 bis 37 Grad betragen und muss mit einem Thermometer überprüft werden.

→ Ein absolutes Muss ist auch die richtige Raumtemperatur! Das Badezimmer sollte mindestens 24 Grad haben, und für Neugeborene empfiehlt es sich, über dem Badeplatz zusätzlich einen Wärmestrahler anzubringen. Babys mögen keine Kälte und kommentieren sie mit lautem Gebrüll.

→ Die Babywanne sollte mit einem Ablaufstöpsel ausgestattet sein.

→ Die Handgriffe müssen sitzen! Wenn Sie unsicher sind, melden Sie sich einfach zu einem entsprechenden Kurs an oder üben mit einer Puppe.

Badespaß in der Wanne

> → In unmittelbarer Nähe der Badewanne sollte ein ausreichend großes, angewärmtes Handtuch deponiert werden. Lassen Sie Ihr Kind niemals alleine im Wasser – auch wenn es bereits ohne Ihre Hilfe sitzen kann!
>
> → Auf Badezusätze können Sie bei einem gesunden Baby getrost verzichten. Nur wenn die Haut sehr trocken ist, helfen einige Tropfen Speiseöl oder Mandelöl aus der Apotheke und ein Esslöffel Milch. Dieser Zusatz schützt und cremt zugleich.
>
> → Nach dem Bad sorgfältig abtrocknen. Aber quälen Sie sich dabei nicht durch alle möglichen und unmöglichen Hautfalten. Besser ist, dem Kind Kleidung aus Naturfasern anzuziehen. Sie nimmt die überschüssige Feuchtigkeit auf.
>
> → Fühlt sich der Säugling beim Baden einmal nicht wohl und weint, darf das Waschen nicht erzwungen werden. Bestimmt geht es beim nächsten Mal wieder leichter. Das gilt auch fürs Haarewaschen! Wer seinem Kind einfach Wasser über den Kopf schüttet – nach dem Motto «Es muss aber sein!» –, verschreckt es nur. Kein Wunder, wenn es beim nächsten Bad mit einem Schreianfall reagiert.

Sie wollen Ihr Baby behutsam auf den ersten Besuch im Schwimmbad vorbereiten? Dann sollten Sie die Wassertemperatur beim Baden langsam senken. Dazu füllen Sie die Wanne zunächst wie gewohnt mit warmem Wasser. Gegen Ende des Bades tauchen Sie einen Waschlappen in kühleres Wasser – ca. 34 Grad – und reiben damit vorsichtig die Arme und Beine Ihres Kindes ab. In der nächsten Zeit können Sie die Badetemperatur um jeweils ein Grad senken und die Prozedur mit dem etwas kühleren Waschlappen wiederholen – bis Ihr Kind sich bei etwa 31 Grad wohl fühlt. Auf diese behutsame Weise können Sie Ihr Baby ab etwa dem zweiten Monat auf den Schwimmbadbesuch vorbereiten.

Es gibt auch für die Kleinsten schon Heilbäder mit Zusätzen aus der Natur.

Füllen Sie ein Leinensäckchen aus nicht allzu festem Stoff mit folgenden Kräutern:

- – Lavendel (beruhigend und entspannend),
- – Schafgarbe (krampflösend bei Bauchschmerzen),
- – Thymian (schmerzlindernd).

Die Kräuter verbreiten im Bad ihren charakteristischen Geruch, den die Kinder sichtbar genießen. Wenn Sie die Kräuter selbst pflücken: Sammeln Sie keine Kräuter direkt am Straßenrand, wo der Bleigehalt der Auspuffgase und andere Schadstoffe auf die Pflanzen einwirken. Wenn Sie auf Nummer Sicher gehen möchten, verwenden Sie Kräuter aus dem Reformhaus oder aus einem Naturkostladen.

ENDLICH IN DIE GROSSE WANNE

Jetzt wird's langsam eng: Ab etwa der zehnten Woche hat Ihr Kind in der kleinen Babybadewanne kaum noch Platz, um ausgiebig zu planschen. Alle Versuche enden wahrscheinlich damit, dass Ihr halbes Badezimmer unter Wasser steht! Jetzt ist der Zeitpunkt gekommen, es einfach mit in die große Badewanne zu nehmen. Für Vater oder Mutter und natürlich für das Kind ist der Hautkontakt in Verbindung mit dem warmen Wasser Genuss pur! Halten Sie Ihr Kind zunächst eng am Körper, damit es sich von Anfang an sicher fühlt. Praktisch: Setzen Sie Ihr Baby einfach auf Ihren Schoß. Dort fühlt es sich geborgen, und Sie können es sich bequem machen.

Für ein Baby hat die große Wanne fast die Ausmaße eines Swimmingpools. Und das erste Bad in diesem Minipool ist eine beeindruckende Angelegenheit. Endlich kann das Baby ausgiebig strampeln und planschen! Und endlich rückt das Spielen im Wasser vermehrt in den Mittelpunkt. Das Baby braucht nun ausreichend Platz für Rasseln, Quietschentchen und allerlei andere Schwimmtiere. Da stört es auch gar nicht so, wenn es mal unangenehm spritzt!

Badespaß
in der Wanne

Verzichten Sie beim Baden lieber auf Seife. Im Eifer des Gefechts schluckt der Säugling nämlich allzu schnell Wasser.

Nach dem ausgiebigen Spiel können Sie dann getrost etwas milden Badezusatz ins Wasser geben. Schließlich lieben Babys es, zum Abschluss große Schaumburgen zu bauen oder sich einen echten Nikolausbart zu verpassen.

Wenn Sie gemeinsam mit Ihrem Kind baden möchten, steigen Sie am besten zunächst einmal selbst in die Wanne. Ideal wäre, wenn Ihnen dann eine dritte Person das Baby angeben und zum Schluss wieder abnehmen und schon versorgen würde. So haben Sie selbst mehr von diesem Bad, und es wird garantiert zu einem lustvollen Erlebnis zu zweit.

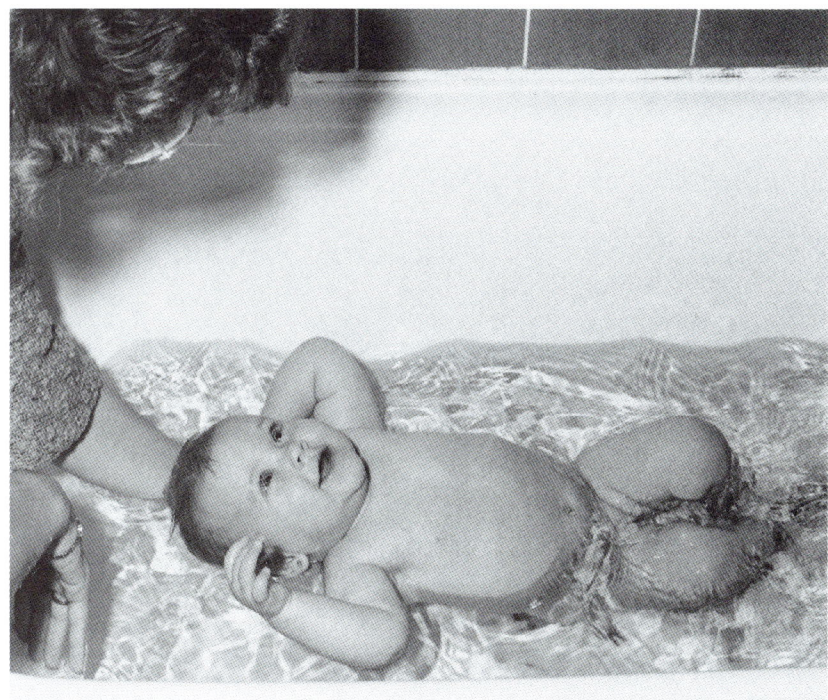

Auf Mutters flacher Hand wird das Baby sanft hin- und hergeschoben.

VIERTES KAPITEL

Ab ins Becken

Die Empfehlungen der Experten, ab wann Wasserspaß für Babys sinnvoll ist, fallen recht unterschiedlich aus. Allerdings sprechen sich die meisten dafür aus, ab etwa dem dritten Lebensmonat mit einem entsprechenden Kurs zu beginnen. Und das erscheint im Hinblick auf die Entwicklung des Säuglings auch sinnvoll. Schließlich ist erst Ende des ersten Monats die Nabelwunde verheilt. Vorher sollte unbedingt auf die Wassergewöhnung des Babys verzichtet werden, weil die Gefahr einer Nabelinfektion besteht. Im zweiten Monat beginnt das Kind, mit Bewegungen auf akustische Reize zu reagieren. Es versucht, seinen Kopf zu drehen, und bringt seine Gefühle auch durch Mimik zum Ausdruck. Hat es sich erst einmal richtig an das Herumplanschen in der Wanne gewöhnt, darf es ab etwa dem dritten Monat auch mit ins Schwimmbad. Besonders viel Zeit für die Wassergewöhnung sollten Sie sich nehmen, wenn Ihr Kind zu früh auf die Welt gekommen ist. Denn es hat eine Menge aufzuholen, und oftmals reagieren diese Babys schreckhaft und ängstlich. Außerdem haben sie ein größeres Bedürfnis nach Liebe, Geborgenheit und Wärme. Besondere Vorsicht ist auch dann geboten, wenn Ihr Kind im Herbst oder am Jahresende geboren wurde. Dann fällt der erste Schwimmbadbesuch in die kalte Jahreszeit, und es besteht Erkältungsgefahr. Also, das Kleine nach dem Planschen immer warm einpacken und auf keinen Fall die Mütze vergessen!

Selbst wenn Sie den Wagen direkt um die Ecke geparkt haben, dauert es noch einige Minuten, bis es im Inneren richtig warm ist.

Sie haben sich mit Ihrem Kind zur Wassergewöhnung entschlossen? Dann ist es nahe liegend, sich in einer Schwimmschule oder in einer öffentlichen Badeanstalt zu einem entsprechenden Kurs anzumelden. Fragen Sie Ihren Frauenarzt, vielleicht die Hebamme oder schauen Sie einfach im örtlichen Telefonverzeichnis nach. Wenn in Ihrer Nähe mehrere Kurse angeboten werden, lohnt sich auf jeden Fall ein Preisvergleich! Es gibt besonders in größeren Städten gravierende Unterschiede. Haben Sie sich dann für ein Angebot entschieden, sollten Sie zunächst eine Probestunde vereinbaren.

Ab ins Becken

Natürlich können Sie auch allein, mit Ihrem Partner oder mit einer Freundin Spaß an der Wassergewöhnung haben. Allerdings sollten Sie dabei beachten, dass nicht jedes Schwimmbad dafür geeignet ist (s. S. 54 ff.). Und es steht Ihnen dann keine Kursleiterin mit ihren Erfahrungen und Anregungen zur Verfügung.

Übrigens bedeutet der erste Gang ins Wasser für Ihr Baby richtig Stress. Es bewegt sich immerhin in einem unbekannten Element, macht zum ersten Mal die Bekanntschaft mit der Tiefe und ist daher sehr unsicher. Das können Sie nicht nur an der Mimik Ihres Kindes erkennen, sondern auch an der Arm- und Beinhaltung. Meist hält es die Händchen fest zur Faust geballt und öffnet sie erst mehrere Stunden nach dem Schwimmbadbesuch wieder. Darum braucht Ihr Kind nach dieser neuen Erfahrung viel Ruhe und Geborgenheit.

Bereits nach wenigen Schwimmbadbesuchen kann es wahrscheinlich nicht genug vom Wasser bekommen. Doch selbst wenn es 30 Grad warm ist, sollten Sie den Aufenthalt im Becken nur langsam ausdehnen. 15 Minuten reichen anfangs aus. Wenn Ihr Kind partout nicht aus dem Wasser will, lenken Sie es einfach mit einem kleinen Spiel oder mit einem lustigen Lied ab. Das macht Ihrem Baby Spaß, und Sie schonen Ihre Nerven.

Für Babys und Kleinkinder, die nicht aus dem Becken herausmöchten:

Da ist der Patrick* pitschenass.
Das Spiel im Wasser macht ihm Spaß.
Er strampelt
und hampelt
und macht nicht gerne Schluss,
nur wenn er dringend ausruhn muss.
Das muss er jetzt.
Er schläft bald ein.
Das nächste Mal wird's auch schön sein!

* Setzen Sie den Namen Ihres Kindes ein

Vor dem ersten Schwimmbadbesuch ist ein Gesundheitscheck des Kindes ein absolutes Muss. Denn nur wenn Ihr Baby topfit ist, sollten Sie sich mit ihm in die Fluten stürzen. Generell gilt, dass Babys ab drei Monaten planschen dürfen – sofern sie nicht an einer ansteckenden Krankheit leiden oder offene Wunden haben. Nicht ins Wasser dürfen außerdem Kinder mit akuten Ohren- oder Augenentzündungen sowie Kinder mit Durchfall. Besonders bei Durchfall sind die Kleinen zu geschwächt für eine solche körperliche Anstrengung, und es besteht die Gefahr der Wasserverschmutzung.

Zeit für zärtliche Momente!

Die meisten Impfungen sind dagegen kein Grund, auf das Babyplanschen zu verzichten. Einzige Ausnahme: Ihr Kind reagiert auffällig auf die Impfung. Bei leichten Infektionen wie Erkältungen sollten Sie von Fall zu Fall entscheiden. Nur Sie kennen Ihr Kind gut genug, um das Für und Wider sorgfältig abwägen zu können. Generell gilt: Fühlt sich Ihr Kind trotz Schnupfens wohl, kann es durchaus ins Wasser. Schließlich härtet es selbst bei einer Temperatur von 32 Grad – also fünf Grad unter Körpertemperatur – noch ab.

Ab ins Becken

Wichtig ist, dass Sie Ihr Kind nach dem Schwimmen gut abtrocknen und warm anziehen.

Hat das Baby Fieber und fühlt sich schlapp, darf es natürlich nicht ins Wasser. Kinder, die bereits eine Infektion im Körper haben, äußerlich aber noch unauffällig sind, beginnen in der Regel im Becken zu schreien und zu weinen. Das gilt auch für Kinder, die eine Impfung doch nicht so gut vertragen haben, wie es zunächst erschien. Sie lassen sich nur schwer beruhigen und signalisieren laut und deutlich, dass sie für heute die Nase voll haben. Recht haben sie! Wer sich nicht fit fühlt, gehört auch nicht ins Schwimmbad!

BEI DIESEN ERKRANKUNGEN GEHÖREN KINDER NICHT INS WASSER:

– Entzündungen von Augen, Ohren oder Nase,
– ansteckende Kinderkrankheiten,
– Magen- und Darminfektionen,
– Durchfall,
– Fieber,
– allergische Reaktionen nach einer Impfung,
– ansteckende Hauterkrankungen.

Nutzen Sie die regelmäßigen Kinderuntersuchungen (U1–U10), um mit Ihrem Kinderarzt über das Thema Wassergewöhnung zu sprechen. Er kann Ihnen auch qualifizierte Angebote in Ihrer Nähe empfehlen. Und warten Sie nach einer Erkrankung mit dem Schwimmbadbesuch bis zur völligen Genesung Ihres Kindes.

Aber auch wenn der Arzt seinen Segen zum Schwimmbadbesuch gegeben hat, gibt es einige Regeln, die Sie unbedingt beachten sollten. Ganz wichtig ist, dass Ihr Kind nicht erhitzt ist – beispielsweise durch eine hohe Lufttemperatur – und die letzte Mahlzeit vor dem Wasserspaß etwa eine Stunde zuvor beendet sein sollte. Nehmen Sie aber ausreichend Nahrung und ein volles Trinkfläschchen mit, denn Planschen macht einen Bärenhunger. Am besten gehen Sie mit Ihrem Baby zu einer Zeit, in der es auch zu Hause putzmunter ist. Außerdem bringt der Ausflug weder Ihnen noch Ihrem Kind etwas, wenn es müde ist, gerade Zähnchen bekommt, Bauchweh hat oder einfach nur schlecht gelaunt ist. Wenn Sie sich aber einmal aufgerafft haben, sollten Sie unbedingt ausreichend Zeit für Spiel und Spaß im Wasser einplanen. Nichts ärgert Ihr Kind mehr als die Hetze einer gestressten Mutter!

DAS GEHÖRT IN DIE SCHWIMMBADTASCHE:

– zwei große Badetücher,
– eine Babytrage,
– ein Bademantel,
– Bikini für Sie und Badehose für Ihr Baby,
– wasserfeste Spielsachen,
– evtl. Schwimmhilfen,
– ein Waschlappen,
– mildes Duschgel,
– Hautpflegemittel,
– Föhn,
– Windeln,
– Ersatzkleidung,
– Nahrung und ein volles Fläschchen.

Übrigens brauchen auch Babys Badehosen. Sie sind in den meisten öffentlichen Schwimmbädern Pflicht. Und das hat seinen Grund: Zwar findet jeder Badegast einen kleinen Nackedei süß. Aber wenn das große Geschäft des kleinen Kerlchens im Wasser landet, lacht wahrscheinlich niemand mehr. Eine Badehose verhindert das Schlimmste. Sie sollte allerdings fest am Bauch und an den Schenkeln abschließen – ohne dabei einzuengen. Wichtiger als aller modischer Schnickschnack sind der praktische Schnitt und das richtige Material. Nicht geeignet ist beispielsweise eine Gummihose. In ihr sammelt sich Luft, die dann die Lage des Kinderkörpers im Wasser nachteilig verändert. Und auch Frotteehosen sind alles andere als ideal. Sie dehnen sich im Wasser auf das Doppelte aus, und das ständige Gerutsche

Ab ins Becken

nervt Sie und Ihr Kind gleichermaßen. Eher einengend wirken sich Windelpakete aus, da sie die Bewegungsfreiheit einschränken und sich mit Wasser voll saugen.

WASSERSPASS MIT BEHINDERTEN KINDERN

Eine körperliche oder geistige Behinderung ist kein Grund, auf den Spaß im Wasser zu verzichten. Allerdings ist bei schweren Behinderungen die Unterstützung einer entsprechenden Fachkraft erforderlich. Informieren Sie sich in einem sozialpädiatrischen Zentrum, um mögliche Gefahren auszuschließen. Generell zeigen jedoch die Erfahrungen, dass das Medium Wasser hervorragende Therapiemöglichkeiten bietet.

Bewegung im Wasser unterstützt bei zahlreichen Behinderungen die Rehabilitation. Eingesetzt wird sie vor allem bei verzögerten psychomotorischen Entwicklungen und bei geistigen Behinderungen aller Schweregrade. Der Wasserspaß wird aber auch bei genetisch bedingten Leiden sowie bei angeborenen oder frühkindlichen Systemerkrankungen mit Auswirkungen auf den Bewegungsapparat als Rehabilitationsmaßnahme eingesetzt. Weitere Indikationen sind Sinneswahrnehmungsdefizite sowie Mängel am Stützapparat.

ANSTECKUNGSGEFAHR

Bei allen Vorteilen darf eines nicht vergessen werden: Jeder Schwimmbadbesucher kann sich mit einer ansteckenden Krankheit infizieren. Das feuchtwarme Klima fördert die Vermehrung der Bakterien, die andere Schwimmer eingeschleppt haben. Oberstes Gebot ist daher die Hygiene des Schwimmbades! Infektionen können aber trotz täglicher Wasserwechsel und der mehrmals täglich stattfindenden Desinfektion der Laufwege nicht vollständig ausgeschlossen werden. Darum chloren die Bäder – und zwar reichlich. Das ist zwar gut gegen Bakterien, aber schlecht für Kinderaugen. Nur wenige Bäder verwenden Ozon statt Chlor.

Wenn die Augen Ihres Kindes nach jedem Badespaß gerötet sind, sollten Sie ihm eine Taucherbrille kaufen.

Ihr Kind findet eine Taucherbrille garantiert cool und wird von dieser Neuerwerbung begeistert sein. Kommt es dennoch zu einer Rötung, sollten Sie einen Augenarzt zurate ziehen. In der Regel verschreibt er Augentropfen, die nach jedem Bad in die Augen geträufelt werden.

Bei Kindern mit einer sehr empfindlichen Haut ist die Pflege besonders wichtig. Durch das Chlor kann es zu Reizungen kommen, und die Haut trocknet mitunter stark aus. Erkundigen Sie sich beim Bademeister nach dem pH-Wert des Wassers. Er sollte sich in einem Bereich von 7,2 bis 7,6 bewegen, um den Säureschutzmantel der Haut nicht anzugreifen. In der Regel können aber sogar Kinder mit Neurodermitis zum Schwimmen gehen, wenn anschließend ein entsprechendes Pflegemittel verwendet wird. Verzichten Sie aber vor dem Schwimmbadbesuch und auch am Vorabend auf Pflegemittel, da dann die Haut im Wasser glitschig wird. Schwimmhilfen können vom Arm rutschen, und Ihnen kann das Kind aus den Händen gleiten. Dann ist der Schreck groß! Außerdem setzt sich die Creme in einem hässlichen Rand am Beckenrand ab. Deshalb ist es wichtig, dass Sie Ihr Kind rechtzeitig ans Duschen gewöhnen. Mit lustigen Duschspielen oder einer kleinen Gießkanne machen Sie die neue Erfahrung schnell zu einem tollen Erlebnis. Sparen Sie einfach den Kopf aus, damit Ihr Kind sich nicht erschreckt. Außerdem besteht die Gefahr, dass später beim Planschen zu viel Wärme verloren geht, da sich der Kopf schließlich nicht unter Wasser befindet.

Trotzdem: Die Ansteckungsgefahr im Schwimmbad bleibt! Deshalb ist besonders für Kinder, die regelmäßig schwimmen gehen, ein ausreichender Impfschutz wichtig. Fragen Sie Ihren Kinderarzt nach einem Impfkalender, und lassen Sie sich ausführlich beraten!

Ab ins Becken

Keinen Schutz gibt es gegen die zahlreichen Pilzerkrankungen, die noch immer auf dem Vormarsch sind. Diese Pilze lieben es ganz besonders, sich zwischen den Zehen, im Mund oder in der Vagina anzusiedeln. Dringen sie im schlechtesten Fall sogar in den Körper ein, können Pilze dem Herzmuskel, der Leber sowie den Drüsen erheblich schaden. Deshalb ist es sinnvoll, nach jedem Bad die Fußduschen zur Desinfektion zu benutzen. Außerdem sollten Sie selbst bei einem Pilzbefall immer auf einen Schwimmbadbesuch verzichten. Und lassen Sie auch ein erkranktes Kind nicht ins Wasser!

Vorsichtig: Socken und andere Wäscheteile eines erkrankten Familienmitgliedes gehören nicht zusammen mit anderen Kleidungsstücken in die Waschmaschine! Das warme Wasser kann Pilzen nichts anhaben. Sie gelangen auch in der 90 Grad heißen Lauge von einem Strumpf zum nächsten. Und schon steckt sich die ganze Familie an.

Sollten Sie sich dennoch eine Pilzinfektion eingefangen haben, müssen Sie Ihren Arzt zurate ziehen. Unterstützend zu der verordneten Therapie können Sie die betroffenen Stellen mit Knoblauchsaft oder mit einer zerdrückten Knoblauchzehe einreiben. Mitunter lindern auch Joghurtpackungen. Ebenfalls hilfreich: einmal pro Woche ein Molkebad.

FÜNFTES KAPITEL

Jetzt geht's los!

Nicht jedes Becken ist ideal für eine entspannte Gewöhnung des Babys ans Wasser. Schließlich soll Ihr Kind sich in dem Element wohl fühlen und das Bad ausgiebig genießen. Ist der Trubel zu groß oder das Wasser zu kalt, wird aus dem Spaß nur allzu schnell Stress.

Vor dem ersten Schwimmbadbesuch sollten Sie sich genau informieren. Schauen Sie sich um und wählen Sie dann ein Schwimmbad nach folgenden Kriterien:

Hat es ein Warmwasserbecken? Oder zumindest einen Warmwassertag, an dem die Temperaturen im Becken nicht unter 28 Grad liegen? Idealer ist eine Wassertemperatur von 30 bis 32 Grad, wie sie in vielen Badeparks angeboten wird. Die Halle selbst sollte noch um zwei bis drei Grad wärmer sein, um ein Auskühlen des Kindes sowie ein Kondensieren zu verhindern.

Nutzen Sie in einem öffentlichen Schwimmbad ausschließlich diesen Warmwassertag und fragen Sie auch nach, wann es relativ ruhig zugeht.

Auch der Umkleidebereich muss warm genug sein.

Ebenfalls von Vorteil ist ein Planschbecken, das vom normalen Badebereich wegen des ungewohnt hohen Geräuschpegels getrennt ist. Hier können die Kinder viele neue Spiele ausprobieren.

Beachten Sie auch, dass für die Wassergewöhnung des Babys das Becken nicht tiefer als 1,35 Meter sein sollte.

Bei einer Wassertiefe von 1,35 Metern haben Sie sicheren Stand und Ihr Baby fest im Griff. Sie können es gut tragen und Schwungübungen ausführen, ohne das Gleichgewicht zu verlieren.

Ist das Wasser tiefer als 1,35 Meter, verlieren Sie schnell Ihren festen Stand. In einem flacheren Becken müssen Sie stattdessen in die Hocke gehen, um mit Ihrem Kind auf Schulterhöhe eingetaucht zu sein. Und das ist für einen längeren Zeitraum alles andere als bequem.

Jetzt geht's los!

Ganz entscheidend ist auch der Einstiegsbereich ins Wasser. Gibt es lediglich eine schlüpfrige Sprossenleiter? Ist die Einstiegstreppe breit genug? In vielen Schwimmbädern gleicht es einem Balanceakt, mit einem Baby auf dem Arm über eine schmale Leiter rückwärts ins Wasser zu gelangen.

DARAUF ACHTEN SIE BEI DER AUSWAHL:

→ Sinnvoll ist ein Becken mit einer Tiefe von 1,25 bis 1,35 m und einer Wassertemperatur von 32 bis 33 Grad.

→ Das Becken sollte ausreichend beleuchtet sein, da Babys noch nicht besonders gut sehen können. Es fällt ihnen leichter, Kontraste und Farben in hellen Räumen wahrzunehmen.

→ Das Becken sollte über eine schräg hineinführende Treppe verfügen.

→ Der Umkleidebereich, der Duschraum und auch das Schwimmbad sollten ausreichend beheizt sein.

→ Sinnvoll ist ein Wickelplatz oder eine breite, beheizte Fensterbank, die sich rasch umfunktionieren lässt.

→ Achten Sie auf geräumige Umkleidekabinen, in die Sie sich nicht hineinquetschen müssen.

→ Wichtig ist eine ruhige, entspannte Atmosphäre in der gesamten Anlage.

→ Informieren Sie sich beim Bademeister über die Wasserqualität und die regelmäßige Kontrolle. Auch der pH-Wert ist wichtig!

→ Erkundigen Sie sich, ob Schwimmhilfen zur Verfügung gestellt werden.

Übrigens wurde das erste überdachte Schwimmbad bereits im Jahre 1742 eröffnet. Und zwar am 28. Mai in London. Das Becken war gerade einmal 13 Meter lang. Warm war das Wasser allerdings damals schon, und Schwimmunterricht gab es auch. Überhaupt waren die Briten echte Vorreiter: Sie eröffneten nur ein Jahr später das erste eigens angelegte Schwimmbad unter freiem Himmel. Es hieß Peerless Pool. Das Bad entstand an einem Weiher und war stolze 51 Meter lang und 31 Meter breit. Es gab sogar Arkaden und Umkleidekabinen. Und vor allzu neugierigen Blicken schützten im Peerless Pool zahlreiche Bäume. Die erste Badeanstalt in Deutschland öffnete im Jahre 1774 in Frankfurt a. M. ihre Pforten.

WASSERGEWÖHNUNG OHNE KURS

Endlich ist der große Tag da! Sie haben sich mit Ihrem Baby auf den Weg gemacht und freuen sich nun auf den ersten Besuch im Schwimmbad. Auf ein Erlebnis der ganz besonderen Art! Und sie haben sich entschieden, diese Erfahrung in trauter Zweisamkeit zu machen – also ohne die Anleitung eines Schwimmlehrers.

Dabei sollten Sie möglichst einen Bikini statt eines Badeanzugs tragen, auch wenn Sie sich darin vielleicht wohler fühlen würden. Ihr Kind wird es ihnen danken, denn es mag Hautkontakt – und zwar möglichst pur. Schließlich ist die Haut sein wichtigstes Wahrnehmungsorgan.

Die feuchtwarme Luft schlägt Ihnen entgegen. Es ist ungewohnt für Sie und vor allem für Ihr Baby. Deshalb ist es wichtig, dass Sie es vor und nach dem Gang ins Wasser möglichst rasch aus- bzw. anziehen, damit es keinen Hitzestau bekommt oder später friert. Hinzu kommt, dass der Säugling das Wasser als unangenehm kalt empfindet, wenn Sie vor dem allerersten Eintauchen zu lange mit dem Entkleiden warten.

Verzichten Sie bei dieser spannenden Premiere allen Vorschriften zum Trotz auf eine Dusche.

Nur die wenigsten Babys können sich damit anfreunden, wenn ihnen Wasser von oben auf den Körper rieselt. Und auf diesen Stress können Sie zumindest beim ersten Mal verzichten. Gehen Sie mit Ihrem Kind lieber gleich zum Becken und setzen sich ein paar Minuten an den Rand. Vielleicht lassen Sie dabei ein paar Wassertropfen auf Babys Arme und Beine regnen. Steigen Sie dann langsam ins Becken. Schritt

Jetzt geht's los!

Hier fühlt sich das Kind auch ohne Schwimmflügel sicher.

für Schritt, bis es mit den Schultern ins Wasser reicht. Zeigt es Unruhe
oder gar Angst, bleiben Sie stehen und lassen es sich erst an die neue
Situation gewöhnen. Drücken Sie es dabei eng an sich und wiegen Sie
es hin und her. Singen Sie ein Lied oder erzählen Sie ihm eine kleine
Geschichte. Leichter fällt dem Baby die Eingewöhnung, wenn es ein
wasserfestes Spielzeug mitnehmen darf, das es möglichst schon von
zu Hause – vielleicht vom Baden – kennt. Besonders ein kleiner bun-
ter Ball wirkt manchmal Wunder!

Während des Planschens sollten Sie darauf achten, dass der Oberkörper des Babys stets im Wasser ist. Denn bei einem nassen Kind,
das aus dem Wasser herausragt, verdunstet die Feuchtigkeit auf der
Haut sehr schnell, und dem Körper wird Wärme entzogen. Das Baby
beginnt zu frieren. Nach einer Weile verfärbt sich die Haut bläulich
rot – ein erstes Anzeichen für eine leichte Unterkühlung. Um auf

Nummer Sicher zu gehen, sollten Sie jetzt das Becken verlassen, Ihr Baby in ein dickes Badetuch wickeln und vorsichtig abrubbeln.

Bei diesem ersten Besuch im Schwimmbad ist es wichtig, dass Sie Ihre eigene Unsicherheit abbauen und sich das Kind pudelwohl fühlt. Halten Sie sich zunächst am Beckenrand auf, bis Sie die Haltegriffe beherrschen. Bewegungsfreiheit für die kleine Wasserratte garantiert der Badewannensicherheitsgriff. Dabei unterstützen Sie Ihr Kind mit einem Arm diagonal unter der Brust und ergreifen von unten her seine Achsel. Das Kind liegt mit der Brust auf Ihrem leicht gebeugten Unterarm und streckt seinen freien Arm über Ihren Haltearm. Durch Drehen Ihres Stützarmes kann die Position des Babys aus einer flachen in eine steile Lage variiert werden. Besonders deutlich spürt Ihr Kind den Auftrieb in einer leichten Schräglage, in der Rumpf und Beine im Wasser sind.

Halten Sie während der ganzen Zeit den Augenkontakt mit Ihrem Kind. Singen Sie ihm dabei ein Lied vor oder sprechen Sie beruhigende Worte. Und natürlich ist viel Lob angesagt! Belohnen Sie es mit einem Lächeln, liebevollen Worten und vielen, vielen Streicheleinheiten! Damit ermuntern Sie das Kleine, sich im Wasser zu bewegen und immer neue Dinge auszuprobieren. Das wichtigste Ziel für diese Premiere haben Sie erreicht, wenn Ihr Kind den Wasserkontakt als ein lustvolles Erlebnis erfährt. Und wenn Sie es neugierig gemacht haben auf das nasse Element mit all seinen Möglichkeiten.

Nach maximal 15 Minuten sollte der Badespaß beim ersten Mal beendet werden.

Ziehen Sie Ihrem Baby sofort die nasse Badehose aus und wickeln Sie es in ein bereitliegendes Handtuch.

Vorsicht: Eine Schwimmhilfe ist kein Babysitter! Lassen Sie Ihr Kind niemals unbeobachtet im Wasser. Auch eine noch so gute Schwimmhilfe entbindet Sie nicht von Ihrer Aufsichtspflicht.

Jetzt geht's los!

Viele Eltern möchten sich den Erfahrungen einer Fachkraft anvertrauen. Allerdings ist es mit der Wassergewöhnung wie mit den meisten anderen Dingen auch: Es gibt gute Kurse – und es gibt schlechte.
Und ein schlechter macht mehr kaputt, als er nutzt. Aber wie sollen
die in der Regel recht unerfahrenen Eltern beurteilen, ob das Angebot
sinnvoll ist und die Lernziele nicht zu hoch gesteckt sind? Und wie
sollen sie die Qualifikation des Kursleiters einschätzen? Hat er wirklich den Durchblick? Geht er ausreichend auf seine kleinen Schüler
ein? Sind die Kosten angemessen?

Sie haben sich aus dem Angebot eine Schwimmschule heraus-
gepickt?

Das hilft Ihnen bei der Auswahl

Bevor Sie nun den Kurs bezahlen, sollten Sie auf jeden Fall eine
Probestunde absolvieren. Doch bevor Sie sich mit Ihrem Kind ins
Wasser wagen, ist eine umfassende Information das Allerwich-
tigste. Stellen Sie schon am Telefon folgende Fragen:

– Welche Ausbildung hat der Kursleiter?
– Hat er eine Zusatzqualifikation?
– Leitet immer derselbe Lehrer den Kurs?
– Wie groß sind die Gruppen?
– Werden die Kinder in entsprechende Altersgruppen eingeteilt?
– Wie sind der Umkleidebereich, das Schwimmbad sowie das
  Wasser temperiert?
– Welche Kursziele sollen erreicht werden?
– Dürfen andere Kinder mit ins Wasser?
– Wie sehen die Geschäftsbedingungen aus?

Lassen Sie sich bei einer Anfrage am Telefon nicht abwimmeln. Fragen Sie hartnäckig nach, schließlich geht es um die Sicherheit Ihres
Kindes. Wichtig ist, dass der Kursleiter mindestens eine Übungsleiter-

Schwimmhilfe aufblasen, und dann kann es gemeinsam losgehen.

lizenz des Deutschen Schwimmverbandes besitzt. Noch besser ist, wenn er zuvor eine pädagogische, therapeutische oder medizinische Ausbildung absolviert hat, bei der die Arbeit mit Kindern im Mittelpunkt stand. Ebenfalls von Vorteil ist natürlich ein einschlägiges Studium.

Genauso hartnäckig sollten Sie nachfragen, um konkrete Kursziele zu erfahren. Vielleicht dürfen Sie auch einmal bei einem bereits angelaufenen Kurs zuschauen. Achten Sie darauf, ob der Lehrer lediglich am Beckenrand steht und von dort Anweisungen gibt oder ob er die richtige Haltung der Teilnehmer im Wasser kontrolliert. Gerade bei Kindern ist dies unverzichtbar. Weitere Kriterien sind das Engagement des Kursleiters und natürlich die Atmosphäre, die während der Stunde vorherrscht. Und die prägt in erster Linie der Kursleiter. Ist er sehr leistungsorientiert und geht nur wenig auf die einzelnen Teilnehmer ein, sollten Sie sich nach einer Alternative umsehen. Denn wichtig ist auch hier wieder, dass die Bewegung im Wasser für die Kinder

Jetzt geht's los!

zu einem lustvollen Erlebnis wird. Und das geht nur in einer entspannten Atmosphäre, die frei von jeglichem Druck ist. Dann wird Ihr Kind auch gern und vor allem freiwillig in den Kurs gehen.

Ihr Kind hat noch so viel Zeit, um alles zu lernen – nur nicht nach einem exakt festgelegten Stundenplan!

Eine gute Schwimmschule zeichnet sich aber auch dadurch aus, dass Kinder altersgemäß in die entsprechenden Gruppen eingeordnet werden. Beispielsweise gehören in die erste Gruppe ausschließlich Babys ab drei Monaten bis etwa acht Monaten. Krabbelkinder haben bereits viel mehr motorische Erfahrungen sowie ein erweitertes Sprachverständnis. Sie gehören deshalb bereits in die zweite Altersstufe. An der Entwicklung der Kinder orientiert sich auch die Unterrichtsmethode. Je älter die Kinder sind, desto größer wird die Bedeutung der gesprochenen Anweisungen. Außerdem lernen sie bereits durch Nachahmung, Versuch und Irrtum. Und viele Übungen speichern sie in ihrem mittlerweile recht gut geschulten Gedächtnis. Übrigens ändern sich auch die Spielmaterialien: Während die Allerkleinsten noch Rasseln, Bälle und Schwimmtiere mit ins Wasser nehmen, kommen später schon Schwimmflügel, Reifen, Styroporbretter, aufblasbare Tiere und Matten zum Einsatz.

Da Sie mit Sicherheit schwer beladen zu dem Kurs kommen, sollten Sie auch nicht ganz außer Acht lassen, ob es in unmittelbarer Nähe des Schwimmbades ausreichend Parkmöglichkeiten gibt. Sie wollen öffentliche Verkehrsmittel benutzen? Dann überzeugen Sie sich davon, dass die Verbindungen günstig sind und der Weg zur nächsten Haltestelle nicht zu weit ist. Unterschätzen Sie nicht das Gesamtgewicht von Baby und Schwimmtasche.

Lesen Sie bitte auch das Kleingedruckte! Das kann zwar mühselig sein, ist aber besser, als sich später über die Geschäftsbedingungen zu ärgern. Und vergleichen Sie das Angebot: In der Regel sind Vereine und Verbände weit günstiger als private Schwimmschulen. In größeren Städten fallen die Unterschiede oft gravierend aus. Gehen Sie auch nicht darauf ein, sich vor einer Probestunde zu einer Kursteilnahme zu verpflichten. Und da kleine Kinder häufiger krank sind, ist es wichtig, dass eine ausgefallene Stunde ersetzt wird – natürlich bei rechtzeitiger Abmeldung!

Wenn Sie die ganzen organisatorischen Fragen geklärt haben, sollten Sie Ihr Kind auf den Schwimmbadbesuch vorbereiten. Baden Sie gemeinsam mit ihm in der großen Wanne, und senken Sie langsam, aber sicher die Temperatur (s. S. 40 ff.).

Ein echtes Problem haben viele Eltern, die sich erst zu einer Teilnahme entschließen, wenn ihr Kind bereits sechs Monate alt ist. Denn sobald das Kind anfängt zu krabbeln und zu kriechen, fremdelt es. Es erweitert zwar erheblich seine Spielmöglichkeiten und ist auch viel kommunikativer, aber fremden Menschen gegenüber verhält es sich nun skeptisch. Manche Babys fremdeln sehr stark und wollen sich vor allem im Wasser nicht von der Mutter trennen. Sich in dieser Situation einem noch unbekannten Kursleiter anvertrauen? Unmöglich! Wichtig ist jetzt, dass Sie unendlich viel Geduld aufbringen und Verständnis zeigen. Alles andere klappt ohnehin nicht und endet nur in Protestgebrüll.

Es kann Ihnen auch durchaus passieren, dass Ihr Kleines auf die fremde Umgebung völlig verschreckt reagiert. Schließlich sind seine Sinne in diesem Alter bereits viel wacher, und so nimmt es kleine Störungen oder fremdartige Geräusche viel genauer wahr. Vielleicht sind für seinen Geschmack auch viel zu viele Menschen im Becken. Legen Sie ihm seine Skepsis nicht gleich als Wasserscheu aus. Setzen Sie sich erst einmal mit Ihrem Kind auf eine Bank und beobachten das Geschehen. Es wird irgendwann von ganz alleine signalisieren, wenn es ins Wasser will. Lassen Sie ihm Zeit. Und wenn Sie dann noch immer großen Widerstand spüren, versuchen Sie es einfach ein paar Wochen später noch einmal. Mit viel Geduld kann Ihr Kind immer noch zu einer echten Wasserratte werden. Sie müssen nur stets einen Grundsatz beachten: Ein Kind soll ins Wasser wollen und dürfen – nie müssen!

Bedenken Sie, dass Sie mit Ihrem Verständnis und mit Ihrer Zuneigung den Schlüssel zur Motivation Ihres Kindes in den Händen

Jetzt geht's los!

halten. Gehen Sie sorgfältig damit um. Ist er erst einmal verloren, lässt er sich nur schwer wieder finden!

Oftmals kommen sich während eines Kurses auch die Eltern untereinander näher. Freundschaften entstehen zwischen Kindern und Eltern gleichermaßen. In manchen Schwimmschulen sitzen die Eltern nach der Stunde noch beisammen. Und während die Kinder zusammen spielen, haben die Eltern Zeit, über Erziehungsfragen und Partnerschaftsprobleme oder einfach nur über Aktuelles und Interessantes zu reden. Gibt es in der Schwimmschule geeignete Räumlichkeiten, wird aus diesem Treffen eine gemütliche Kaffeerunde. Und mit etwas Initiative lassen sich in jeder Woche Kaffee und Kuchen organisieren. Vielleicht bietet es sich auch an, eine Fahrgemeinschaft zu gründen. In einer solch freundschaftlichen, gelösten Atmosphäre macht sich auch nur selten Leistungsdruck bemerkbar. Klar, dass auch hier die Frühförderung ihren Platz hat. Aber weit wichtiger ist das gemeinsame, lustvolle Erleben.

MIT KINDERN ANS MEER

Ferien am Meer sind der Traum schlechthin. Natürlich besonders für alle, die gerne schwimmen und tauchen. Eltern mit Babys und Kleinkindern müssen auf diesen Urlaub nicht verzichten. Im Gegenteil! Endlich können die Kleinen ohne die lästigen Windelpakete im Sand spielen. Sie können buddeln, Sandburgen bauen und mit Förmchen spielen. Muscheln oder Krebse suchen ist ebenfalls toll, und mit den Wellen um die Wette laufen auch. Natürlich können sie nicht nur mit den Füßen ins Wasser, sondern an der Seite von Mutter oder Vater und mit einer Schwimmhilfe auch ein wenig herumpaddeln. Und das Kind kann – ausgestattet mit einer Taucherbrille – vielleicht schon das erste Mal auf Tauchstation gehen, kleine Fische oder Krebse beobachten. Vorausgesetzt, dass die Wasserqualität stimmt! Aktuelle Hinweise erhalten Sie beim ADAC. Der Automobilclub inspiziert

Toll: Planschen am Strand!

regelmäßig die wichtigsten Bade-
strände Europas unter Berück-
sichtigung der für Kinder wichtigen Aspekte. Das ADAC-Prädikat
«kinderfreundlich» ist eine echte
Empfehlung.

Ideal für Kinder sind feine
Sandstrände, an denen das Land
ganz allmählich ins Meer über-
geht. Das Wasser reicht den Kindern also über eine große Strecke
nur bis zu den Knien oder bis zur
Hüfte. Außerdem wird der Strand
täglich von unserem Zivilisations-
müll und von dem angeschwemm-
ten Tang gereinigt. Nur das Salz-
wasser ist für die Kleinen zunächst
noch etwas gewöhnungsbedürftig.
In Verbindung mit der Sonne kann
es schnell die Haut angreifen.
Wichtig: Die Lippen mit einem
speziellen Pflegestift vor dem Austrocknen schützen!

Sie möchten Urlaub an der Nord- oder Ostsee machen? Dann
müssen Sie das deutsche Wetter in die Planung mit einkalkulieren. Da
es dem Badespaß häufig einen Strich durch die Rechnung macht, sollten Sie nicht nur die entsprechende Kleidung, sondern auch das richtige Spielzeug im Gepäck haben. Und bedenken Sie, dass Babys sehr
kälteempfindlich sind! Also, nach dem Bad immer warm einpacken.

*Viele kleine Kinder vertragen das Reizklima
an der Nordsee nicht besonders gut. Übrigens ganz
im Gegensatz zu Schulkindern, die bei dieser rauen
Witterung ihre Widerstandskraft stärken können.*

Jetzt geht's los!

Unabhängig davon, für welches Urlaubsziel Sie sich entscheiden: Erkundigen Sie sich nach gefährlichen Strömungen in Küstennähe! Und lassen Sie Ihr Kind niemals unbeobachtet in Ufernähe spielen! Wichtig ist auch, dass Sie es im Sommer ausreichend mit wasserfestem Sonnenschutzmittel einreiben und nach dem Bad abtrocknen und neu eincremen. Sonnenbrände sind besonders für Kinder gefährlich! Und nach dem Strandgang gehören auch Kinder unter die Dusche, damit Sand und Salz heruntergespült werden. Anschließend mit einer milden Körperpflege eincremen!

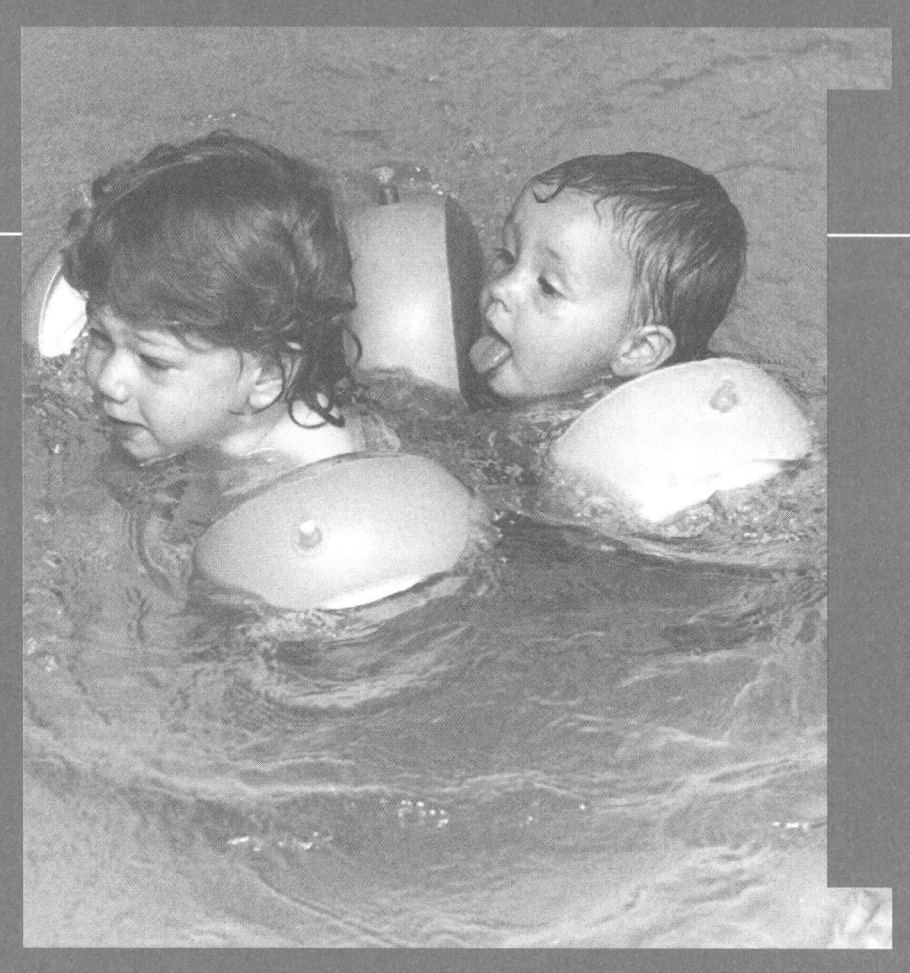

SECHSTES KAPITEL

Lustige Wasserspiele

Entdecken Sie mit Ihrem Kind den Wasserspaß total. Und wenn Ihr Kleines einmal auf den Geschmack gekommen ist, wird es garantiert immer wieder auf die Spiele zurückgreifen, die ihm besonders viel Freude gemacht haben.

DIE ERSTEN SPIELE IN DER WANNE

Sobald Ihr Kind in die große Badewanne darf, rückt das Spiel in den Mittelpunkt. Planen Sie für das Bad immer ausreichend Zeit ein, und lassen Sie das Baby nach Lust und Laune planschen. Dann wird Ihr Kind garantiert zu einer echten Wasserratte!

Strampelwonne ➜ Von null bis zwei Jahren
Legen Sie Ihr Kind zunächst auf Ihren Bauch. Dort baut es auch die letzten Ängste vor dem Wasser ab. Dann streichen Sie fest über seinen Rücken, über seine Beine und Arme. Geben Sie seinen Fußsohlen mit Ihren angewinkelten Beinen dabei etwas Widerstand. Jetzt fühlt Ihr Kind sich garantiert rundherum wohl und beginnt kräftig zu strampeln.

Goldfisch ➜ Von null bis einem Jahr
Wenn Ihr Kind seine Angst in der großen Wanne verloren hat, können Sie es bäuchlings oder rücklings auf Ihre flache Hand legen. Dabei ziehen Sie die Hand näher zu sich heran, als würde Ihr Kind direkt auf Sie zuschwimmen. Anschließend stoßen Sie die Hand wieder vom Körper weg.

Springbrunnen ➜ Von null bis einem Jahr
Langsam, aber sicher können Sie es auch mit einigen Spritzern versuchen. Bei diesem Springbrunnen wird Ihr Baby putzmunter. Stoppen Sie das Spiel, wenn Sie merken, dass es Angst bekommt oder unsicher wird.

Lustige Wasserspiele

Schaumberge   ➜ Von null bis zwei Jahren

Das ist die ideale Überleitung vom Spiel zum Reinigen: Errichten Sie mit Ihrem Kind Schaumberge und -burgen. Das geht natürlich nur, wenn Sie etwas Badezusatz ins Wasser geben. Machen Sie Ihr Kind beim Spielen auf den tollen Duft aufmerksam, indem Sie genüsslich einatmen. Beim Ausatmen durch den Mund darf der Schaum dann ruhig in alle Himmelsrichtungen fliegen.

Wasserschöpfen   ➜ Von null bis zwei Jahren

Sobald das Kind einen Becher halten kann, macht ihm das Wasserschöpfen einen Riesenspaß. Jetzt geht's los: schöpfen, ausgießen, schöpfen, ausgießen … Kinder können davon gar nicht genug kriegen!

Prustespiel   ➜ Von eins bis zwei Jahren

Mit etwa einem Jahr können Sie mit dem Prustespiel beginnen. Legen Sie sich dazu bäuchlings ins Wasser und tauchen Sie das Gesicht leicht ein. Pusten Sie dann direkt ins Wasser. Das Kind wird von den kleinen Spritzern und den komischen Lauten begeistert sein. Die meisten Babys versuchen auch, Ihnen dieses Prustespiel nachzumachen. Und bei all dem Spaß merkt es gar nicht, das es damit schon ein kleines bisschen weiter untergetaucht sind. Und auch die kleinen Spritzer ins Gesicht waren eigentlich gar nicht so schlimm.

Flottenparade   ➜ Von eins bis drei Jahren
Material: Quietscheentchen, Bälle, Rasseln, Boote

Nehmen Sie nicht nur ein Quietscheentchen mit in die Wanne, sondern lassen Sie doch einfach eine ganze Flotte an unterschiedlichen Spielzeugen schwimmen. Bälle, Rasseln, Boote, Autos: Das Angebot ist riesig. Ihr Kind wird diese kunterbunte Flotte mit Begeisterung steuern!

Ob in einem Kurs oder allein: Babyspiele im Schwimmbecken sind eine tolle Sache! Im Arm der Mutter oder des Vaters fühlt sich das Kind auch hier geborgen und verliert rasch die letzte Angst vor dem unbekannten Element. Wichtig: Sie unterbrechen das Spiel, sobald das Kind erneut unsicher wird! Legen Sie zwischen den einzelnen Spielen immer wieder kleine Pausen ein, und deponieren Sie dafür wassertaugliches Spielzeug am Beckenrand. Ganz wichtig: Beschränken Sie die ersten «Badestunden» im Schwimmbecken zunächst auf etwa 10 bis 15 Minuten.

Eintauchen → Von null bis zwei Jahren

Das Wasser ist für das Baby ungewohnt kalt. Gehen Sie anfangs mit dem Kleinen auf dem Arm langsam ins kühle Nass. Kauern Sie sich dann vorsichtig hin, bis dem Kind das Wasser im wahrsten Sinne des Wortes bis zum Hals steht. Richten Sie sich wieder auf, sodass das Baby nun vollständig auftaucht, und kauern Sie sich dann erneut hinunter. Die meisten Kinder genießen das Ein- und Auftauchen.

Fischreise → Von null bis einem Jahr

Legen Sie Ihr Kind rücklings auf Ihre Hand. Spreizen Sie die Finger unter dem Schulterblatt des Kindes und ziehen Sie die Hand dann wieder zu sich heran, um sie dann wieder vom Körper wegzuschieben. Dazu eignet sich folgender Reim:

Schwimme, Fischlein, schwimme!
Schwimm ins Meer hinaus,
doch da gibt es schlimme
Feinde, welch ein Graus!
Fischlein, komm schnell wieder,
schnell zu mir zurück,
wogst du auf und nieder,
Fisch, ich wünsch dir Glück!

70

Lustige Wasserspiele

Erste Vorübung für den Beinschlag: Im Sitzen geht's prima.

Bei «aufs Meer hinaus» schieben Sie Ihr Kind von sich. Halten Sie es noch entfernt von Ihrem Körper, wenn Sie von den schlimmen Feinden erzählen. Bei «Fischlein, komm schnell wieder» ziehen Sie Ihre Hand schnell zu sich heran. Und bei «ich wünsch dir Glück» drücken Sie Ihr Kind fest an sich. Es soll spüren, dass es bei Ihnen immer sicher ist.

Wellenreiter → Von null bis einem Jahr

Bei diesem Reiterspiel kann garantiert nichts passieren! Legen Sie das Baby bäuchlings auf Ihre flache Hand, wobei Sie die Hand kurz unter den Brustkorb des Kindes legen. Ziehen Sie die Hand dann zu sich heran, als würde das Baby auf Sie zuschwimmen. Anschließend die Hand wieder vom Körper wegführen. Dazu sagen Sie folgenden Reim:

Mein Schiff fährt heute kreuz und quer,
weithin über das große Meer.
Ist's windstill, gleitet es bedächtig;
ist aber Sturm, dann schaukelt es mächtig!

Bei «windstill» führt die Hand behutsam, bei «Sturm» schaukeln Sie den kleinen Körper kräftig.

Wasserwiege   ➜ Von null bis zwei Jahren

Nehmen Sie Ihr Baby so in beide Arme, dass Sie es langsam hin und her wiegen können. Wiegen Sie es mal durchs und mal über dem Wasser und singen Sie dazu ein schönes Lied.

Schiffsschraube   ➜ Von null bis zwei Jahren

Halten Sie Ihr Baby vor Ihrem Körper ins Wasser, wobei Ihre Hände an seinen Hüften liegen. Sobald es Sie anschaut, drehen Sie es so, dass es Ihnen seine kalte Schulter zeigt. Dann soll es Sie wieder anschauen. Wenn Ihr Kind dieses Spiel schon kennt, können Sie es dabei auch für einen winzigen Augenblick loslassen.

Wasserstrampeln   ➜ Von null bis zwei Jahren

Halten Sie das Kind mit beiden Armen und geben Sie den Fußsohlen mit Ihren Oberschenkeln Halt. Bald beginnt es, ausgelassen zu strampeln. Es bewegt seine Beinchen wie beim Wassertreten.

Wasserschlagen   ➜ Von null bis zwei Jahren

Legen Sie Ihr Baby bäuchlings aufs Wasser und schieben Sie dabei Ihre Arme unter seinen Achselhöhlen hindurch, bis Sie seine Oberschenkel fassen können. Dann versuchen Sie, ob es Ihnen gelingt, das Baby durch einen leichten Druck auf die Schenkel zu animieren, mit den Beinen aufs Wasser zu schlagen. Zunächst führen Sie seine Beine und spornen es mit der Stimme an. Wiederholen Sie dies, bis Ihr Kind schon auf das Kommando hin zu strampeln beginnt.

Lustige Wasserspiele

Wendemanöver → Von null bis zwei Jahren

Drehen Sie Ihr Baby von der Bauch- in die Rückenlage. Wenn es noch auf dem Bauch liegt, greifen Sie mit Ihrer freien Hand hinter den Hinterkopf des Kindes. Dann drehen Sie das Kind. Die Hand, die noch zuvor den Brustkorb gestützt hat, ziehen Sie erst weg, wenn das Baby schon auf dem Rücken liegt. Wechseln Sie dabei die Richtung. Drehen Sie es aber niemals ruckartig, sondern mit gleichmäßigen Bewegungen!

Doppeldecker → Von einem bis drei Jahren

Jetzt ist eine kleine Ruhepause angesagt, bei der Vater und Mutter erforderlich sind. Während der eine Elternteil in der Brustlage schwimmt, setzt der andere das Kind auf den Rücken des Schwimmers und stützt es leicht ab. Von hier hat es einen herrlichen Ausblick. Es kann genau beobachten, was sich in seiner näheren Umgebung abspielt. Und auch das macht einen Mordsspaß!

Versteckspiel → Von null bis zwei Jahren

Klar, auch im Wasser kann man wunderbar Verstecken spielen. Fragen Sie «Wo bin ich?», und verschwinden Sie dann mit dem Kopf unter Wasser. Logisch, das geht nur, wenn ein zweiter Erwachsener das Kind hält. Bleiben Sie in der Zwischenzeit einige Sekunden unter Wasser und tauchen mit einem lauten «Daaaaa!» wieder auf. Zuerst wird Ihr Kind nur staunen, aber bald hat es einen Riesenspaß bei diesem Spiel. Vielleicht möchte es sich bald sogar selbst verstecken?

Wasserball → Von einem bis drei Jahren

Material: Ball

Jetzt sind Vater und Mutter gefordert, um dieses Ballspiel zu einem echten Hit zu machen. Einer von beiden hält das Kind, und der Ball wird immer hin und her geworfen.

Duschspiel → Von null bis zwei Jahren

Material: Sandeimer, Bademütze, Gießkanne…

Dieses Spiel lotst Kinder vom Becken direkt unter die Dusche. Und das ist für die Kleinen oftmals ein Gräuel, denn meist finden sie es furchtbar, wenn ihnen das Wasser von oben direkt auf den Kopf rieselt. Doch das Duschen ist nun mal ein Muss vor und nach dem Besuch im Schwimmbad. Also machen Sie es Ihrem Kind schmackhaft, indem Sie das lästige Duschen einfach zu einem lustigen Spiel umfunktionieren. Trommeln Sie dazu mehrere Kinder zusammen und drücken jedem ein Sandeimerchen oder eine Bademütze in die Hand. Nacheinander sollen alle Mitspieler ihr Gefäß unter der Dusche füllen. Anschließend wird geprüft, wer der Dusche das meiste Wasser «weggenommen» hat. Nach einer Weile verlieren die meisten Kinder ihre anfängliche Scheu vorm Duschen. Ausprobieren lohnt sich!

SPIELE IM FLACHEN WASSER

Ist Ihnen schon einmal aufgefallen, dass Sie sich im knöcheltiefen Wasser schon ganz anders bewegen müssen als an Land? Für Kinder ist diese Umstellung noch viel größer – und sie ist gewöhnungsbedürftig. Sicherlich wird schon Ihr Kind versuchen, dem Wasserwiderstand auszuweichen und die Füße beim Gehen aus dem Wasser heben. Üben Sie die unterschiedlichen Bewegungsabläufe nun auf eine spielerische Art und Weise ein.

Wirbelsturm → Von einem bis drei Jahren

Spielen Sie Sturm, und Ihr Kind wird begeistert sein! Blasen Sie Wellen ins Wasser und bewegen dabei leicht die Arme. Wenn Sie senkrecht auf das Wasser pusten, entsteht ein richtiges kleines Wasserloch.

Tierparade → Von zwei bis vier Jahren

Im Wasser gibt es nicht nur Fische. Vielmehr ist es der Lebensraum einer ganzen Reihe von Tieren. Bestimmt haben Sie mit Ihrem Kind bereits einige davon im Zoo beobachtet. Wie hüpft beispielsweise der Frosch? Wie geht der Storch? Und warum krabbeln Krebse ausgerechnet rückwärts? Machen Sie Ihrem Kind die einzelnen Bewegungen vor und ermuntern Sie es zum Nachmachen. Beim Hüpfen wird natürlich laut gequakt. Anschließend singen sie:

Heut ist ein Fest bei den Fröschen am See,
Ball und Konzert und ein großes Diner.
Quaak, quaak, quaak, quaak!

Im etwas tieferen Wasser verwandeln sich alle Kinder in kleine Enten. Sie singen:

Alle meine Entchen
schwimmen auf dem See,
schwimmen auf dem See,
Köpfchen in das Wasser,
Beinchen in die Höh'.

Vielleicht gibt es dabei schon ein paar ganz Mutige, die tatsächlich ihr Köpfchen ins Wasser tauchen.

Wassertanz → Von zwei bis vier Jahren
Material: Kassettenrekorder

Für dieses beliebte Spiel benötigen Sie einen Kassettenrekorder. Stellen Sie mal sanfte und mal rockige Musik an, und lassen Sie die Kinder dazu im Rhythmus tanzen. Das macht einen Riesenspaß – übrigens nicht nur den Kleinen!

Natürlich müssen Sie vorher mit dem Bademeister sprechen, ob und wann ein solches Ballett mit musikalischer Untermalung möglich ist.

Ein Kinderballett im flachen Wasser.

Schubkarre → Von zwei bis vier Jahren

Dieses Spiel ist der Renner auf dem Land, doch es gelingt nicht nur dort. Das Wasser sollte Ihrem Kind dabei bis zu den Knien gehen. Es stützt sich nun auf die Hände, wobei sich die Schultern knapp über dem Wasserspiegel befinden sollten. Fassen Sie nun beide Füße am Knöchel und schieben Sie Ihre Schubkarre langsam durchs Wasser. Zum Schluss lassen Sie nach Ankündigung erst ein Bein und dann das andere los. Achten Sie darauf, ob die Beine zunächst gerade an der Oberfläche bleiben.

Im Schwimmbad können Sie diese Übung auch an der Sprossenleiter machen. Dazu geht Ihr Kind mit den Händen die Leiter hoch und streckt dabei seinen Körper nach hinten. Wenn Sie diese Schubkarre loslassen, bleibt Ihr Kind zumindest kurz auf dem Wasser liegen.

Lustige Wasserspiele

Balljagd → Von zwei bis vier Jahren

Material: Ball

Werfen Sie einen Ball auf das für Ihr Kind nicht zu hohe Wasser. Ermuntern Sie es, ihn zurückzuholen. Besonders lustig ist dieses Spiel, wenn gleich mehrere Kinder mitmachen und jeder versucht, den Ball zu erwischen. Das können Sie auch im tieferen Wasser ausprobieren, wenn die Kleinen Schwimmflügel tragen.

Ausrücken → Von zwei bis vier Jahren

Dieses Spiel ist für zwei Personen. Der ältere von beiden setzt sich ins flache Wasser und stellt sich schlafend. Der jüngere, der ebenfalls im Wasser gesessen hat, ergreift nun die Gelegenheit und versucht auszurücken. Doch kaum ist er aufgestanden, wacht der andere Mitspieler auf, um den jüngeren wieder einzufangen. Besonders viel Spaß macht es, wenn der ältere von beiden dabei so tut, als ließe er den Kleinen ins Wasser fallen.

Wasserratte → Von zwei bis vier Jahren

Mitspieler: mindestens drei Kinder
Material: Tücher

Alle Spieler haben irgendwo an sich ein kleines Tuch befestigt: beispielsweise an der Badehose oder am Träger des Badeanzuges. Nur eine Wasserratte geht leer aus. Sie möchte am liebsten alle Tücher erbeuten.

Ballonjagd → Von zwei bis vier Jahren

Mitspieler: mindestens drei Kinder
Material: Luftballon, Schnur

Einem Kind wird ein Luftballon mit einer Schnur an den Rücken gebunden. Es bekommt einen kleinen Vorsprung, und dann jagen die anderen ihm nach. Wem es gelingt, den Ballon zum Platzen zu bringen, darf in der nächsten Runde der Ausreißer sein.

Wasserfußball → Von drei bis vier Jahren

Mitspieler: mindestens vier Kinder
Material: Ball

Die Kinder stehen im knöcheltiefen Wasser. Werfen Sie einen Ball dorthin, und pfeifen Sie dann das Spiel an. Fußball im flachen Wasser ist die reinste Spritz- und Planschorgie und macht einen Riesenspaß. Außerdem ist dieses Spiel eine Vorbereitung auf den ersten Tauchgang, denn jeder Mitspieler bekommt schon mal eine gehörige Portion Wasser ins Gesicht. Da heißt es Augen zu und durch.

SPIELE IM HÜFTHOHEN WASSER

Jetzt wird der Wasserwiderstand schon größer. Aber auch das Spielangebot erweitert sich. Und die ersten Tauchübungen können ebenfalls im hüfthohen Wasser gestartet werden.

Pusteball → Von zwei bis vier Jahren

Mitspieler: mindestens drei Kinder
Material: Ball

Mehrere Kinder bilden einen Kreis. Eines bekommt einen Tischtennisball, den es möglichst kräftig zum nächsten Mitspieler pustet. Erreicht der Ball sein Ziel nicht, darf das Kind dem Ball nachgehen und sein Glück am neuen Standort versuchen. Jeder hat beliebig viele Versuche, um den Ball zum Nebenmann zu blasen.

Hubschrauber → Von zwei bis vier Jahren

Die Kinder hocken sich im hüfthohen Wasser weit hinunter, damit es ihnen bis zur Schulter reicht. Dann strecken sie die Arme seitwärts aus und beginnen mit den Unterarmen Propellerbewegungen zu machen. Erst ganz langsam und dann immer schneller und schneller. Wer Lust hat, kann versuchen, zunächst ein Bein und später vielleicht sogar beide Beine vom Boden zu lösen.

Lustige Wasserspiele

Ballhopser
→ Von zwei bis vier Jahren

Mitspieler: mindestens drei Kinder
Material: Ball

Bei diesem Spiel steht ein Kind mit gegrätschten Beinen im hüft-hohen Wasser. Ein zweites schiebt ihm den Ball von hinten durch die Beine, bis er vor dem stehenden Kind wieder auftaucht. Wenn mehrere Kinder mitmachen, können sie zwei Gruppen bilden, die sich in zwei Reihen hintereinander aufstellen. Das jeweils letzte Kind gibt den Ball durch die Grätsche seines Vordermannes weiter. So wandert der Ball nach vorne. Welche Gruppe ist schneller?

Schiffschaukel
→ Von zwei bis vier Jahren

Mitspieler: Zwei Kinder

Zwei Kinder stellen sich gegenüber ins Wasser und fassen sich an den Händen. Dann taucht eins bis zum Hals ab. Das geht abwechselnd. Eins taucht ab, eins ist über Wasser. Dann taucht dieses, und das andere ist oben.

Wasserballon
→ Von zwei bis vier Jahren

Mitspieler: mindestens drei Kinder
Material: Luftballons

Das macht auch an Land einen Riesenspaß: Füllen Sie einen Luftballon langsam mit Wasser. In guter Mittelgröße zuknoten und mit diesem Ball nun Zuwerfen spielen. Bei wem platzt der Ballon? An diesem Spiel sollten sich nur Kinder beteiligen, die keine Angst mehr vor Wasserspritzern im Gesicht haben.

Suchaktion
→ Von zwei bis vier Jahren

Material: versenkbares Spielzeug

Verstecken Sie auf einer abgesteckten Fläche im Becken einen Gegenstand, der auch garantiert zu Boden sinkt. Natürlich müssen die anderen Mitspieler dabei wegschauen. Anschließend sollen die Kinder den versunkenen Schatz suchen. Wer ihn heben kann, hat gewonnen. Und er darf den nächsten Schatz versenken. Ob man diese Suchaktion im hüft- oder nur im kniehohen Wasser startet, hängt vom Alter und vom Geschick der Mitspieler ab.

Trauminsel → Von zwei bis vier Jahren

Mitspieler: mindestens drei Kinder, ein Erwachsener
Material: Luftmatratzen, Styroporbretter, Schwimmreifen …

Schichten Sie möglichst viele Schwimmkörper – Luftmatratzen, Schwimmreifen oder Styroporbretter – aufeinander und packen Sie sie in eine dünne Folie ein. Werden sie aufs Wasser geworfen, sind sie eine tolle Trauminsel, auf der sich die Kinder ausruhen können.

Seebühne → Von drei bis sechs Jahren

Material: Luftmatratzen, Styroporbretter, Schwimmreifen …

Funktionieren Sie Ihre Trauminsel doch einmal in eine kleine Seebühne um. Ein Kind darf auf der Bühne etwas vortragen: zum Beispiel ein kleines Lied oder einen kurzen Reim. Sobald es fertig ist, bricht kräftiger Applaus los. Klatschen ist ein absolutes Muss! Haben dann alle applaudiert, dürfen die nächsten Freiwilligen auf die Bühne. Dazu gehören notfalls auch die Erwachsenen.

Fischerdorf → Von drei bis sechs Jahren

Mitspieler: mindestens vier Kinder
Material: Schwimmflügel, Luftmatratzen, Styroporbretter, Schwimmreifen

Bei diesem Spiel wird Ihre Trauminsel zum Fischerdorf. Die Kinder bilden zwei Gruppen. Die eine stellt die Fischer und die andere die Fische, wobei natürlich alle mit Schwimmflügeln ausgestattet sind. Anfangs tummeln sich alle Fische vor dem kleinen Dorf im Wasser. Dann versuchen die Fischer, sie einzufangen. Wer vom Fischerdorf aus angeschlagen wurde, muss beim Fangen helfen. Beteiligen sich viele Kinder, ist das Spiel beendet, sobald im Fischerdorf keiner mehr Platz findet. Bei wenigen Teilnehmern muss nicht nur die Fläche, auf der sich die Fische bewegen dürfen, begrenzt werden, sondern auch die Spielzeit.

Lustige Wasserspiele

Angelspiel → Von drei bis vier Jahren

Material: Luftmatratze, eine große Konservendose, Schnur, Schwimmtiere

Ihr Kind sitzt auf einer Luftmatratze und versucht, Fische zu fangen. Natürlich keine richtigen! Binden Sie eine leere, glatt aufgeschnittene Konservendose mit einer Kordel an einen kleinen Stock. Für die Fische müssen kleine Schwimmtiere oder andere Spielzeuge herhalten. Zur Not reicht es auch, wenn Ihr Kind die Dose in der Hand hält und die Fische so herausangelt. Lustig ist das Spiel trotzdem!

Drucksache → Von drei bis sechs Jahren

Mitspieler: mindestens vier Kinder
Material: kleine Bälle

Dieses witzige Ratespiel kommt immer gut an! Alle Kinder bekommen einen kleinen Ball – nur eins geht leer aus. Der mit einem Ball ausgestattete Ratefuchs wendet sich von den anderen ab, die nun hinter seinem Rücken vereinbaren, wer von ihnen keinen Ball behalten soll. Die Kinder, die einen Ball haben, drücken ihn gegen den Auftrieb unter Wasser. Und auch das Kind, das ohne Ball im Becken steht, versteckt seine Hände im Wasser und tut so, als hätte es ebenfalls einen Ball. Anschließend wendet sich der Ratefuchs seinen Mitspielern zu. Jetzt soll er seinen Ball dem Kind zuwerfen, das seiner Meinung nach keinen Ball hat. Stimmt seine Vermutung? Dann wird der Ertappte in der nächsten Runde der neue Ratefuchs. Schafft er es aber nicht, muss er sein Glück noch einmal versuchen.

Die Goldene Brücke → Von drei bis sechs Jahren

Mitspieler: mindestens sechs Kinder

Das alte Spiel «Die Goldene Brücke» kann so variiert werden, dass es auch im Wasser jede Menge Spaß macht.

Die Kinder stellen sich paarweise gegenüber und bilden mit ihren Armen in der Luft eine Brücke. Ein Paar zieht durch die Brücke durch. Es folgen die nächsten zwei Kinder, die dann festgehalten werden und sich hinter den ersten «Brückenpfeilern» aufstellen. Wenn

Sie nur wenige Mitspieler haben, können Sie die «Goldene Brücke» auch abwandeln: Zuerst legt ein Kind beide Arme an den Beckenrand und alle anderen Kinder ziehen einzeln unter dieser Brücke her.

Ziehe durch, ziehe durch,
durch die goldene Brücke.
Sie ist entzwei, sie ist entzwei,
wir wollen sie wieder flicken.
Der Erste kommt, der Zweite kommt,
der Dritte muss gefangen sein.

Untertauchen → Von drei bis vier Jahren

Mitspieler: mindestens drei Kinder

Eine wilde Jagd im hüfthohen Wasser: Ein Mitspieler versucht die anderen zu fangen. Dabei sollen alle laufen. Wird jemand abgeschlagen – also erwischt –, wird er zum Jäger. Dies ist allerdings nicht möglich, wenn der Mitspieler zuvor untertaucht. Denn unter Wasser ist er für den Jäger unerreichbar.

Rutschpartie → Von zwei bis sechs Jahren

Rutschen ist für Kleinkinder das Allergrößte. Sobald sie laufen können, erobern sie jede Rutsche für sich. Und besonders genial finden sie dieses Turngerät, wenn es direkt ins Wasser führt. Hat das Kind die erste Scheu verloren, brauchen Sie es bald kaum noch zu halten. Zunächst ist es jedoch auf Ihre Hilfe angewiesen. Es muss spüren, dass Sie es vor möglichen Gefahren schützen. Setzen Sie Ihr Kind zwischen Ihre Oberschenkel und halten Sie es gut fest. Dort fühlt es sich sicher und freut sich auf die Rutschpartie. Beim nächsten Mal möchte es dann vielleicht schon alleine rutschen. Und dann schaut es sich jede Menge von den anderen Kindern ab. Es wird mal vor- und mal rückwärts rutschen, dann auf dem Po und schließlich bäuchlings. Erklären Sie ihm aber, dass es immer ausreichend Abstand zum Vordermann halten muss. Rutschen die Kinder zu dicht hintereinander, können sie sich verletzen.

Lustige Wasserspiele

Ringelreihen → Von drei bis vier Jahren

Mehrere Kinder bilden im hüfthohen Wasser einen Kreis. Sie fassen sich an den Händen und spielen Ringelreihen. Dazu bieten sich eine Menge Spiellieder an. Hier einige Beispiele:

Ringel, ringel, Reihe!
Wir sind der Kinder dreie.
Sitzen unterm Holderbusch,
machen alle husch, husch, husch!

Bei der letzten Zeile tauchen die Kinder bis zum Hals ins Wasser. Ganz Mutige können natürlich auch komplett untertauchen!

*

Ringel, rangel, Rosen,
schöne Aprikosen,
Veilchen und Vergissmeinnicht,
alle Kinder setzen sich!

Auch bei diesem Lied gilt wieder: Bei der letzten Zeile geht es abwärts!

*

Es tanzt ein Bi-Ba-Butzemann
in unserm Kreis herum, dideldum!
Er rüttelt sich,
er schüttelt sich,
er wirft sein Säckchen hinter sich.
Es tanzt ein Bi-Ba-Butzemann
in unserm Haus herum!

Und der Butzemann läuft auch im Wasser im Kreis herum. Dann legt er hinter einem Mitspieler sein Säckchen bzw. ein Wasserspielzeug ab. Wer nun bemerkt, dass der Gegenstand hinter ihm liegt, muss ihn aus dem Wasser fischen – und zwar bevor der Butzemann ein weiteres Mal um den Kreis herumgelaufen ist. Ist der Spieler nicht schnell genug, ist er der nächste Butzemann.

Wassertreten

→ Von drei bis sechs Jahren

Die Kinder stehen im Wasser und beginnen abwechselnd mit den Beinen zu treten. Arme und Handflächen drücken dabei gegen das Wasser. So können sich auch die Kleinen schon eine ganze Weile halten, ohne unterzutauchen. Und sie merken rasch: Wer schneller tritt, bleibt besser oben. Wer langsamer tritt, sackt langsam ab. Mit der Zeit schaffen die Kinder es bestimmt, sich dabei noch im Kreis um sich selbst zu drehen.

Fähren-Wettfahrt

→ Von drei bis sechs Jahren

Mitspieler: mindestens zwei Kinder und zwei Erwachsene
Material: Luftmatratzen

Für diese spannende Wettfahrt der Fähren braucht jedes Paar – ein Erwachsener und ein Kind – eine Luftmatratze. Während sich die kleinen Teilnehmer auf ihrer Fähre ausruhen und allenfalls ihren Partner anfeuern, schieben die Erwachsenen die Luftmatratzen über eine vereinbarte Strecke. Wer ist zuerst am Ziel?

Angeln

→ Von drei bis sechs Jahren

Mitspieler: mindestens vier Kinder
Material: Ball

Alle Kinder stehen im hüfthohen Wasser im Kreis – allerdings ohne sich dabei zu berühren. In der Kreismitte steht ein Angler. Er wirft bei diesem Spiel keine richtige Angel aus, sondern einen Ball. Er versucht also, mit diesem Ball einen Mitspieler abzuwerfen. Jetzt heißt es für die anderen Kinder, sich schnell wegzuducken oder vielleicht sogar abzutauchen. Wer zuerst erwischt wird, muss in der nächsten Runde der Angler sein.

Fischfütterung

→ Von drei bis sechs Jahren

Mitspieler: mindestens zwei Kinder
Material: Schwimmflügel, Luftmatratze oder aufblasbares Boot, Tauchring, Stab, Schnur

Ein Mitspieler kniet am Beckenrand, in einem aufblasbaren Boot

Lustige Wasserspiele

oder auf einer Luftmatratze. Ein Erwachsener bindet ihm einen kleinen Tauchring an eine improvisierte Angel, und das Kind hält sie knapp über die Wasseroberfläche. Jetzt kommt ein anderer Mitspieler – ausgestattet mit Schwimmflügeln – angepaddelt und versucht dabei, das Futterstück mit der Hand von der Angel zu reißen. Gelingt ihm das nicht, darf der Nächste sein Glück versuchen. Später kann der Ring auch durch ein Apfelstück ersetzt werden. Geschnappt wird dann natürlich mit dem Mund.

Knalleffekt → Von drei bis sechs Jahren

Material: Luftballons, Schnur
Mitspieler: mindestens drei Kinder

Jeder Mitspieler bekommt drei Luftballons in einer Farbe. Also erhält einer drei rote, einer drei gelbe … Alle Ballons werden bunt durcheinander an eine Schnur gebunden und in ungefähr zwei Metern Entfernung ins Wasser gelegt. Auf Kommando laufen alle Kinder los und versuchen, alle Ballons ihrer Farbe zum Platzen zu bringen. Wer schafft das? Diese herrliche Knallerei können Sie aber auch umdrehen: Jedes Kind versucht, die Ballons seiner Mitspieler kaputtzumachen.

Kopfball → Von drei bis sechs Jahren

Mitspieler: mindestens drei Kinder
Material: Ball

In hüfthohem oder brusttiefem Wasser treibt ein Kind einen Ball zu einem Mitspieler. Dazu darf es aber nur seinen Kopf verwenden. Die Hände bleiben auf dem Rücken oder seitlich ausgestreckt, um das Gleichgewicht zu halten. Der Mitspieler soll den Ball nun annehmen und mit dem Kopf zum nächsten Kind bringen.

Mutsprung → Von drei bis sechs Jahren

Material: Luftmatratze

Ein lustiges Spiel für mehrere mutige Kinder: Sie dürfen von einer Luftmatratze den Sprung ins Wasser wagen. Im Fußsprung allerdings nur ins hüfthohe Wasser.

SIEBTES KAPITEL

Wasserspaß mit Schwimm-hilfen

Ein Baby kann sich anfangs ohne Hilfe nicht lange über Wasser halten. Es wird zunächst von Mutter oder Vater gehalten, bis es sich selbständig im Wasser bewegen kann – und natürlich auch möchte. Dann ist eine Schwimmhilfe sinnvoll. Ideal sind Hilfen für die Arme, so genannte Schwimmflügel. Nur bedingt empfehlenswert sind dagegen Schwimmhilfen für den Oberkörper. Sie können die Lage des Kindes im Wasser verändern und unter Umständen dazu führen, dass der Säugling mit dem Kopf nach vorne ins Wasser kippt.

Wenn Sie einen Kurs besuchen möchten, sollten Sie vor dem Kauf einer Schwimmhilfe mit dem Kursleiter reden. Die meisten richten ihren gesamten Kurs auf eine bestimmte Schwimmhilfe aus. Außerdem gibt es Pädagogen, die den Einsatz solcher Hilfsmittel komplett ablehnen.

SPIELE MIT DEM PLANSCHBECKEN

Planschbecken bestehen aus einem sehr dünnen Boden und einem aufblasbaren Rand aus zwei oder drei Ringen. Sicherer ist ein Becken mit einem höheren Rand und einem Durchmesser von ca. einem Meter.

Planschbecken sind aber nicht nur ideal für den heimischen Garten. Nein, sie eignen sich auch wunderbar dazu, die ganz Kleinen an das große Becken heranzuführen. Und das ohne Angst! Schließlich stellen diese Becken zum Aufpusten eine tolle Insel dar, die dem Kind inmitten des tiefen Wassers Zuflucht gewährt. Fragen Sie zur Sicherheit den Bademeister, ob Sie das Planschbecken mit ins Wasser nehmen dürfen.

Krabbelversuche → Von null bis einem Jahr

Eine Übung für die Kleinsten: Setzen oder legen Sie Ihr Kind in das Becken. Ein Spielzeug ermuntert es zum Loskrabbeln – auch wenn der Boden dabei ganz schön wackelt.

Wasserspaß mit Schwimmhilfen

Ausguck → Von null bis einem Jahr

Legen Sie Ihr Kind bäuchlings ins Planschbecken und stellen Sie sich daneben. Sobald Sie den Kopf einziehen und sich verstecken, wird das Baby versuchen, über den Rand zu schauen, und sich dabei aufstützen – eine gute Übung zur Kräftigung von Nacken und Rücken. Wichtig ist, dass Sie das Becken nicht festhalten, denn erst durch das Schaukeln macht die Sache richtig Spaß! Wenn Sie das Spiel steigern möchten, können Sie auch kleine Wellen erzeugen.

Verstecken → Von zwei bis drei Jahren

Material: Planschbecken
Mitspieler: ein Erwachsener, ein Kind

Stülpen Sie das Becken mit Schwung umgekehrt ins Wasser. Dabei bläht es sich zu einem wunderbaren Versteck auf. Sie können sich dort mit oder ohne Kind verbergen. Besonders Kinder ab etwa zwei Jahren haben ihren Spaß an dem Spiel.

Karussell → Von einem bis drei Jahren

Material: Planschbecken

Füllen Sie das Becken zwei Handbreit voll mit Wasser und drehen es dann im Kreis. Und weil Masse bekanntlich träge ist, wird es sich auch ohne Sie noch eine Weile weiterbewegen. Ihr Kind sitzt dabei im Becken.

Bitte umsteigen! → Von zwei bis vier Jahren

Mitspieler: ein Erwachsener, ein Kind
Material: Planschbecken, Iso-Matte oder Styroporbrett

Noch eine Balanceübung: Ermuntern Sie Ihr Kind, mithilfe einer Iso-Matte oder eines Styroporbrettes alleine aus dem Planschbecken aus- und wieder einzusteigen. Natürlich sollten Sie immer in unmittelbarer Nähe stehen, um Hilfestellung geben zu können.

Schwimmflügel sind ideal, um Veränderungen der Körperlage, Drehungen und Fortbewegungen im tiefen Wasser zu üben.

Wichtig: Babys und Kleinkinder dürfen niemals ohne Aufsicht ins Wasser! Auch nicht mit Schwimmhilfen!

Es ist bereits vorgekommen, dass Zwei- und Dreijährige versucht haben, diese mitunter lästigen Dinger einfach abzustreifen. Aber selbst wenn die Flügel ordnungsgemäß getragen werden, stellen sie keinen ausreichenden Schutz vor dem Ertrinken dar. Wurde beispielsweise bei der Herstellung der Produkte die Biomechanik des Schwimmens nicht ausreichend beachtet, kann es zu einer falschen Körperhaltung kommen. Das Kind kippt nach vorne über, gerät mit seinem Gesichtchen unter die Oberfläche und schluckt Wasser. Dennoch überwiegen die Vorteile: Schwimmflügel ermöglichen es schon den Kleinsten, ihren Bewegungsradius erheblich zu erweitern. Eine tolle Erfahrung!

SO LEGEN SIE SCHWIMMFLÜGEL AN:

– Setzen Sie Ihr Kind rittlings (mit dem Rücken zu Ihrer Brust) auf Ihr angewinkeltes Knie;
– stülpen Sie den Schwimmflügel über den Arm;
– strecken Sie den Arm und heben Sie ihn an;
– ziehen Sie die Flügel so hoch wie möglich zur Schulter;
– blasen Sie die Flügel auf, bis die Schwimmhilfe den Arm fest umschließt.

Möchten Sie Ihr Kind nun mit den Schwimmflügeln vertraut machen? Dann streifen Sie diese Schwimmhilfe doch zunächst selbst über die Oberarme und springen damit im Wasser herum. Dann probieren Sie aus, wie sich Ihr Kind damit fühlt. Ist es ängstlich, unsicher, neugierig oder vielleicht sogar stolz? Wichtig ist, dass Sie auf diese ganz neuen Erfahrungen Ihres Kindes eingehen. Halten Sie es fest, wenn es sich

Wasserspaß mit Schwimmhilfen

nicht traut, mit den Flügeln allein ins Wasser zu gehen. Tanzen Sie mit ihm durchs Wasser, hüpfen Sie mit ihm übermütig von Beckenrand zu Beckenrand. Und vor allem: Lassen Sie es nicht los, ohne es vorher mit Ihrem Kind abgesprochen und dann auch angekündigt zu haben! Wenn Ihr Kind aber nach wie vor ängstlich ist, halten Sie es erneut fest und starten erst später einen neuen Versuch. Sind alle Ängste abgebaut, locken viele neue Spiele ins kühle Nass.

Spritzvergnügen → Von einem bis drei Jahren

Bei diesem Spiel liegt das Kind auf dem Rücken und strampelt ausgelassen mit beiden Beinen. Dabei soll das Wasser in alle Himmelsrichtungen spritzen. Nach einer Weile fragen Sie es, ob es auch mit den Beinen strampeln kann, ohne dabei zu spritzen. Und schon ist der erste Schritt zum Beinschlag (s. S. 131) getan.

Erste Ziele → Von zwei bis vier Jahren

Material: Ball

Nehmen Sie für dieses Spiel einen kleinen Ball und werfen Sie ihn ein kleines Stück entfernt aufs Wasser. Das Kind darf ihn dann holen. Sie können übrigens auch ein Schiff fahren lassen oder ein anderes wasserfestes Spielzeug verwenden.

Wasserbahn → Von einem bis drei Jahren

Fassen Sie Ihr Kind von hinten an die Hüften und schieben Sie es dann vor sich her. Vielleicht möchte es dabei eine Badepuppe oder ein Schwimmtier vor dem Körper halten. Eine richtige Eisenbahn entsteht, wenn sich viele Kinder aneinander reihen.

Fangen → Von drei bis vier Jahren

Mitspieler: mindestens zwei Kinder

Wenn sich zwei Kinder an diesem Spiel beteiligen, sollte eines zum anderen schwimmen. Sind sie schon geübter, darf das andere Kind fliehen, um nicht gefangen zu werden.

Abschleppen → Von einem bis drei Jahren

Mitspieler: mindestens ein Erwachsener und ein Kind

Schwimmen Sie in Brustlage und nehmen Sie dabei Ihr Kind Huckepack. Es sitzt also auf Ihrem Rücken. Mit einem weiteren Paar können Sie sogar ein kleines Wettschwimmen veranstalten.

Seewind → Von einem bis drei Jahren

Material: Luftballon

Lassen Sie auch hierbei einen Luftballon auf dem Wasser tanzen. Blasen Sie ihn einfach weg und sagen Sie Ihrem Kind: «Ich bin der Wind!» Machen Sie beim Pusten dicke Backen und pfeifende Geräusche, dann macht das Nachahmen gleich viel mehr Spaß.

Treibjagd → Von einem bis drei Jahren

Material: Ball

Legen Sie einen Ball vor Ihr Kind ins Wasser, den es dann vor sich her treiben soll. Durch die Schwimmflügel reicht es aus, wenn das Kind mit den Beinen strampelt. Es kann den Ball ohne große Anstrengung einfach mit den Händen schieben. Dieses Spiel vermittelt Ihrem Kind das Gefühl, dass es auch ans Ziel kommt, wenn es in einem Schwimmreifen oder in einem aufblasbaren Delphin im Wasser paddelt.

Fährverkehr → Von einem bis drei Jahren

Mitspieler: zwei Erwachsene, ein Kind

Bei diesem Spiel müssen zwei Erwachsene mitmachen. Sie stellen sich mit einem Abstand von ungefähr einem Meter ins Wasser. Dann schwimmt das Kind von einem zum anderen, wobei es am jeweiligen Ziel immer wieder liebevoll willkommen geheißen wird. Zeigen Sie, dass Sie sich über den Mut des Kindes freuen. Jetzt ist ein dickes Lob angesagt! Dann vergrößern Sie nach und nach die Entfernung, halten Sie aber zunächst einen Abstand von maximal drei Metern ein. Ihr Kind hat nun allen Grund, auf diese tolle Leistung stolz zu sein.

Wasserspaß mit Schwimmhilfen

Floßfahrt → Von zwei bis vier Jahren

Material: Luftmatratze, Styroporbrett oder Gummimatte

Für dieses Spiel benötigen Sie ein kleines Styroporbrett, eine Gummimatte oder eine Luftmatratze. Legen Sie dieses Floß aufs Wasser und legen Sie Ihr Kind darauf. Schieben Sie das Floß vor sich her. Dann darf der kleine Floßfahrer sich aufsetzen! Beim ersten Mal wird es Ihrem Kind auf dem schwankenden Untergrund sicherlich mulmig zumute sein. Wenn es Angst bekommt, heben Sie es herunter und versuchen es an einem anderen Tag erneut.

Ballonfreude → Von zwei bis vier Jahren

Material: Luftballon

Nehmen Sie für dieses Spiel einen Luftballon. Er ist deutlich leichter als ein Ball und liegt praktisch auf dem Wasser. Das Kind kann den Ballon wegschubsen, ihn holen oder Ihnen (oder einem anderen Kind) zuwerfen.

Seestern → Von zwei bis drei Jahren

Mitspieler: mindestens drei Erwachsene und ein Kind

Ein Spiel für einen kleinen Ausflug mit Freunden und deren Kindern – mindestens drei Erwachsene sollten es schon sein. Sie bilden gemeinsam mit dem Kind einen Seestern. Während die Erwachsenen im Wasser stehen, legen sich die Kinder rücklings aufs Wasser. Sie werden dabei an beiden Händen und den Füßen gehalten. Gehen die Erwachsenen nun langsam im Kreis, wird aus dem Seestern ein lustiges Karussell. Dabei geht es einmal rechtsherum, einmal linksherum – einmal langsam und einmal schnell.

Brücke → Von zwei bis vier Jahren

Material: Schwimmreifen

Nehmen Sie einen Reifen und halten ihn senkrecht ein Stück ins Wasser – und zwar so tief, dass Ihr Kind ganz leicht durch diese Brücke schwimmen kann.

Stellen Sie sich etwa einen Meter entfernt von Ihrem Kind ins Wasser. Lassen Sie sich nun so viel Wasser ins Gesicht spritzen, wie Ihr Kind mag. Also, Augen zu und dann abtauchen – sozusagen zum Schutz. Dabei spritzen Sie in Richtung Kind. Vielleicht bringt es den Mut auf und taucht ebenfalls ab. Dann ist ein dickes Lob angesagt!

SPIELE MIT SCHWIMMREIFEN

Damit sich Ihr Kind nicht zu sehr an die Schwimmflügel gewöhnt, sollten Sie sie mitunter durch einen Schwimmring ersetzen. Sonst besteht die Gefahr, dass Ihr Kind sich von den Flügeln auch dann nicht mehr trennen will, wenn es sie eigentlich überhaupt nicht mehr braucht. Und schließlich ist auch der Ring eine Schwimmhilfe, die das Ausbalancieren fördert. Bedenken Sie aber, dass der Reifen die Lage des Oberkörpers im Wasser verändert (s. S. 26). Allerdings lernen Kinder erst im Alter von fünf, oft auch erst von sieben Monaten, das Gleichgewicht zu halten. Sinnvoll ist zunächst ein Reifen mit einem Durchmesser von ca. 60 cm. Wichtig: Es ist für Ihr Kind viel schwieriger, in einer kleineren Schwimmhilfe zu sitzen. Das gilt natürlich nur, solange das Körpergewicht nicht den Reifen vollständig unter Wasser drückt. Übrigens: Figuren am Reifen sehen zwar toll aus, erschweren aber das Ausbalancieren. Weniger ist auch in diesem Fall mehr.

Wichtig: Nicht überfordern! Wenn Ihr Kind erst gelernt hat, so ganz nebenbei im Reifen sein Gleichgewicht zu halten, wird es damit bald quietschvergnügt durchs Becken paddeln. Und dann bietet sich eine ganze Reihe lustiger Spiele an, die alle wunderbar variiert werden können. Lassen Sie Ihrer Phantasie doch einfach freien Lauf ... Und nicht vergessen: Legen Sie zwischen den Spielen immer wieder eine kleine Pause an!

Wasserspaß mit Schwimmhilfen

Puppenspiel → Von zwei bis drei Jahren

Material: Schwimmtierchen oder Puppe

Legen Sie eine Puppe vor den Ring. Ihr Kind wird sich garantiert abstrampeln, um das kleine Püppchen zu sich in den Ring zu holen. Es beginnt ein mutiger Balanceakt! Gelangt Ihr Kind jedoch noch nicht an sein Spielzeug, setzen Sie es zu ihm auf den Ring. Schon allein das erfordert ein erneutes Ausbalancieren.

Ballspiel → Von zwei bis vier Jahren

Material: Wasserball

Setzen Sie Ihr Kind ganz bequem in den Ring – mit den Beinen über die seitlichen Ränder. Stellen Sie sich in einem kurzen Abstand ins Becken und werfen Sie sich dann gegenseitig einen nicht zu großen Wasserball zu.

Einkaufen → Von zwei bis vier Jahren

Material: Schwimmtiere, Boote …

Stellen Sie sich mit Ihrem Kind ins hüfthohe Wasser. Dann nehmen Sie einen Reifen und gehen einkaufen. Sammeln Sie gemeinsam ein, was Sie vorher ins Becken geworfen haben. Beispielsweise Schwimmtiere, kleine Bälle, Brettchen usw.

Wasserschaukel → Von zwei bis vier Jahren

Versuchen Sie, Ihr Kind im Ring zu fangen! Wichtig ist, dass Sie sich dabei scheinbar furchtbar anstrengen. Stupsen Sie es nach einer Weile an und bringen Sie es damit aus dem Gleichgewicht. Es muss sich tüchtig abstrampeln, um es wiederzuerlangen. Mit diesem lustigen Spiel gelangt Ihr Kind ganz nebenbei zu einer neuen Sicherheit im Wasser.

Treibball → Von zwei bis vier Jahren

Material: Ball

Schubsen Sie einen Ball direkt vor den Ring. Nun soll Ihr Kind Ihnen den Ball zutreiben. Das hört sich einfach an, ist es aber nicht.

So das Gleichgewicht zu halten, das ist gar nicht einfach.

Schließlich gilt es, den hohen Ring zu überwinden! Ihr Kind wird sich mit Feuereifer auf diese neue Aufgabe stürzen.

Ringboot → Von zwei bis vier Jahren

Jetzt ist wieder eine Ruhepause angesagt: Setzen Sie Ihr Kind in den Ring, mit dem Po im Wasser und die Beine seitlich über den Ring gehängt. Nun paddelt es mit den Händen – wie in einem Boot. Vielleicht traut sich Ihr Kind anschließend, ohne Ihre Hilfe vom Ring ins Wasser zu rutschen.

Ringtor → Von zwei bis vier Jahren

Achtung, jetzt wird der Ring zum Tor! Das Kind treibt außerhalb seines Rings einen Ball vor sich her. Halten Sie es dabei mit der flachen

Wasserspaß
mit Schwimmhilfen

Hand unter dem Brustkorb fest. Nun soll es versuchen, den Ball in den Ring zu bugsieren. Gar nicht so einfach!

Wasserkarussell → Von zwei bis vier Jahren

Lassen Sie Ihr Kind sich am Ring festhalten, während Sie an die andere Seite fassen. Strecken Sie nun die Arme und drehen Sie sich langsam um die eigene Achse. Ein herrliches Wasserkarussell, mit dem Ihr Kind von nun an sicherlich öfter fahren möchte.

Ringwechsel → Von zwei bis vier Jahren
Mitspieler: zwei Kinder

Bei diesem Spiel hängt ein Kind im Ring, während ein anderes versucht, diesen Ring vorwärts zu schieben. Natürlich wird abgewechselt!

Froschhüpfen → Von zwei bis vier Jahren

Dieses Froschhüpfen erfordert etwas Mut, macht aber einen Riesenspaß. Das Kind hängt sich dabei an den Ring und versucht, sich mit der Schwimmhilfe selbst etwas hinunterzudrücken. Dadurch ergibt sich ein leichtes Auf und Ab, das Froschhüpfen.

Drehwurm → Von zwei bis vier Jahren

Bei diesem Drehwurm hängt das Kind im Ring. Drehen Sie es um sich selbst wie einen Kreisel.

Auftrieb → Von zwei bis vier Jahren

Zeigen Sie Ihrem Kind zunächst, was passiert, wenn Sie den Ring tief ins Wasser drücken und dann wieder loslassen. Wenn es keine Angst hat, setzen Sie es in den Ring und wiederholen das Ganze noch einmal. Spaß an der Sache hat es aber nur dann, wenn ihm auch das Untertauchen kein Unbehagen mehr bereitet. Hat es seine Angst erst einmal überwunden, wird Ihr Kind begeistert sein.

ACHTES KAPITEL

Die große Badeparty

Jetzt ist Partytime: Ein Schwimmbadbesuch wird schon für die Kleinsten zum Fest, wenn sie das richtige Spielzeug haben. Wasserfest muss es sein, in kräftigen Farben und natürlich schadstofffrei. Sicherheit ist selbstverständlich auch ein wichtiges Kriterium. Die Auswahl an Wasserspielzeug ist gigantisch. Sie reicht vom Quietschentchen über Rasseln und Boote bis hin zu aufblasbaren Schwimmtieren. Die diversen Materialien richten sich an Kinder in den verschiedenen Altersstufen. Und je größer die Kleinen werden, desto ausgefallenere Spielgeräte gibt es auch.

So unterschiedlich diese Spielgeräte auch aussehen, so haben sie doch alle eines gemeinsam: ihren Aufforderungscharakter. Und deshalb machen sie das Schwimmen noch attraktiver, als es ohnehin schon ist. Davon profitieren auch die öffentlichen Bäder, in die in den letzten Jahren oftmals viel Geld investiert wurde, um aus einem langweiligen rechteckigen Becken weitläufige Erlebnislandschaften zu machen.

Aber auch zwei Nummern kleiner machen Spielgeräte aus einer Schwimmstunde ein kleines Abenteuer. Denn mit etwas Phantasie lassen sich die Spielmöglichkeiten beliebig variieren. Sie brauchen nur auszutesten, was bei Ihrem Kleinen gut ankommt. Hier sind auch Kreativität und Spontaneität gefragt! Und so werden auf spielerische Art und Weise Gleichgewicht, Geschicklichkeit, Koordination, Kraft und Ausdauer gefördert.

Im Handel gibt es neben den klassischen Schwimmflügeln, -brettern und -reifen eine ganze Anzahl von Schwimmhilfen und Spielgeräten. Schon allein der Wasserball wird in vielen verschiedenen Ausführungen – mit einem Durchmesser von 20 bis 60 Zentimetern – angeboten. Hinzu kommen beispielsweise aufblasbare Planschbecken – ebenfalls in verschiedenen Größen –, aufblasbare Schwimmtiere und Boote, Schleuderhörner, Schwimmnudeln und Hula-Hoop-Reifen.

Besonders beliebt sind auch Luftmatratzen. Achten Sie aber darauf, dass sie mit Stoff bezogen sind! Denn diese Luftmatratzen sind weit weniger rutschig als ähnliche Produkte aus PVC.

Die große Badeparty

Achtung: In freien Gewässern, besonders am Meer, können Luftmatratzen auch für geübte Schwimmer gefährlich werden, weil sie Wind und Strömung womöglich ins offene Wasser treiben.

Nutzen Sie Luftmatratzen also nur bei Windstille und an Stellen, an denen es keine Strömungen (oder Gezeiten) gibt. Im Schwimmbad sind sie – falls vom Bademeister erlaubt – natürlich unbedenklich.

Sogar eine Iso-Matte eignet sich als Schwimmhilfe. Da sie aus bis zu drei einzelnen Lagen bestehen, verfügen diese Matten über einen ausreichenden Auftrieb.

Für Spiel und Spaß brauchen Sie aber nicht immer tief in die Tasche zu greifen. Mit etwas Phantasie können Sie auch einfache Gebrauchsgegenstände oder Abfallprodukte mit ins Wasser nehmen. Bestes Beispiel ist die Luftpolsterfolie. Dieses Material bekommen Sie in Computer-, Möbel- oder Fernsehgeschäften kostenlos. Und im Becken ist es eine tolle Schwimmhilfe, wenn Sie die Folie mehrmals falten. Ebenso wie Styroporplatten, die Sie in der Regel ebenfalls in den oben genannten Geschäften erhalten. Auch hier gilt, wie für alle anderen Materialien: Ein Gespräch mit dem Bademeister – und zwar vor der geplanten Aktion – verhindert Frust.

SPIELE MIT DEM HULA-HOOP-REIFEN

Kinder ab etwa zwei Jahren können bereits einen Hula-Hoop-Reifen in ihr Bad einbeziehen. Er bietet ihnen festen Halt und bereichert das Spielangebot.

Paddeln   ➜ Von zwei bis vier Jahren
Ihr Kind hält sich mit beiden Händen am Reifen fest und strampelt mit den Beinen, während Sie es durchs Becken ziehen.

Tauchen → Von drei bis sechs Jahren

Für Kinder, die bereits tauchen können: Hängen Sie zunächst an einen Reifen kleine Gewichte, wie zum Beispiel Vollgummiringe, und lassen Sie Ihr Kind hindurchtauchen. Wenn diese Übung sitzt, können Sie auf diese Weise einen Tauchparcours bauen. Dazu brauchen Sie dann beispielsweise drei bis fünf Reifen oder andere kleine Gewichte. Wichtig: Die Strecke nur langsam steigern!

Zielspringen → Von drei bis sechs Jahren

Für ganz Mutige: Lassen Sie Ihr Kind von der Leiter oder vom Beckenrand in den Ring springen.

Slalom → Von drei bis sechs Jahren

Lassen Sie Ihr Kind durch den aufrecht stehenden Reifen schwimmen, mal rechts und mal linksherum. Tauchen Sie den Reifen doch einmal tiefer ins Wasser. Der Durchlass ist jetzt nur noch klein, und Ihr Kind muss fast hindurchtauchen.

Rhönrad → Von drei bis sechs Jahren

Ihr Kind stellt sich mit den Füßen in den senkrecht gehaltenen Reifen und hält sich am oberen Rand fest. Greifen Sie nun unterstützend auf die Hände Ihres Kindes und drehen Sie dabei den Reifen nach links und nach rechts – fast wie ein Rhönrad.

SPIELE MIT DER ISO-MATTE

Mit etwas Phantasie haben Sie unzählige Spielmöglichkeiten im Wasser. Auch eine einfache Iso-Matte lässt sich zur Schwimmhilfe umfunktionieren. Sie hat je nach Dicke eine enorme Tragfähigkeit. Die folgenden Anregungen sind nur eine kleine Auswahl.

Die große Badeparty

Krabbelrunde   → Von zwei bis vier Jahren

Legen Sie eine Matte ins kniehohe Wasser und lassen Sie Ihr Kind darüber krabbeln.

Gangway   → Von zwei bis vier Jahren

Die Iso-Matte im Wasser dient als kleine Gangway zum Einstieg in ein Boot, einen Reifen oder in ein aufblasbares Schwimmtier.

Rollen-Spiel   → Von zwei bis vier Jahren

Rollen Sie eine Iso-Matte eng zusammen und setzen Sie sich rittlings darauf. Heben Sie Ihr Kind vor sich auf die Rolle und paddeln Sie los.

Röhrenspiel   → Von zwei bis vier Jahren

Formen Sie aus der Iso-Matte eine große Röhre, durch die Ihr Kind krabbeln kann. Oder rollen Sie Ihren Nachwuchs doch einfach einmal ein. Durch mehr oder weniger heftiges Ziehen befreien Sie ihn wieder aus dieser beweglichen Röhre.

SPIELE MIT DER SCHWIMMNUDEL

Sie sind relativ neu auf dem Markt und ein großer Hit: Schwimmnudeln sind zwei Meter lange Schaumstoffstangen, die über einen sehr starken Auftrieb verfügen. Es gibt sie in verschiedenen Farben, und mithilfe von speziellen Kupplungen können diese gigantischen Nudeln sogar zu langen Schlangen zusammengesteckt werden. Und was Kinder damit alles machen …

Nudelbahn   → Von zwei bis vier Jahren

Legen Sie Ihr Kind bäuchlings auf die Nudel und ziehen Sie die lustige Nudelbahn zunächst langsam und dann etwas schneller durchs Becken. Ist Ihr Kind bereits sicherer, kann es sich auch rittlings auf die Nudel setzen. Größere Kinder können versuchen, sich auf die

Stangen zu stellen und die Wellen auszubalancieren. Halten Sie sie dazu an beiden Händen.

Nudelkreis → Von zwei bis vier Jahren

Bauen Sie aus zwei Schwimmnudeln einen Kreis. Ihr Kind kann sich nun mit den Händen festhalten, mit den Beinen strampeln und sich von Ihnen ziehen oder drehen lassen. So zusammengesteckt können Sie auch einige der Hula-Hoop-Reifen-Spiele mit den Schwimmnudeln machen. Kinder können hineinschwimmen oder -springen, hindurchtauchen oder vom Beckenrand in das Innere des zusammengesteckten Kreises hüpfen.

SPIELE MIT AUFBLAS-BOOTEN

Aufblasbare Boote gibt es nicht nur in verschiedenen Größen und Farben, sondern auch in vielen witzigen Formen. Haben Sie schon einmal einen schwimmenden Elefanten gesehen? Ein giftgrünes Krokodil? Oder ein aufblasbares Nilpferd? Kinder lieben diese Boote, die mitunter erst auf den zweiten Blick als solche zu erkennen sind. Und sie finden es toll, wenn das neue Gefährt in lustige Spiele wie die folgenden einbezogen wird.

Ruderboot → Von zwei bis vier Jahren

Setzen Sie Ihr Kind in das Boot und lassen Sie es mit beiden Armen paddeln. Ist es schon etwas sicherer, kann es auch vom Beckenrand ins Boot klettern, sich abstoßen und dann losrudern.

Balanceakt → Von zwei bis vier Jahren

Jetzt wird's wackelig: Setzen Sie Ihr Kind in ein Schlauchboot oder Kanu. Dort soll es sich hinstellen und wieder hinsetzen, hinstellen und wieder hinsetzen usw. Gar nicht so einfach, wenn man keinen festen Boden unter den Füßen hat.

Die große Badeparty

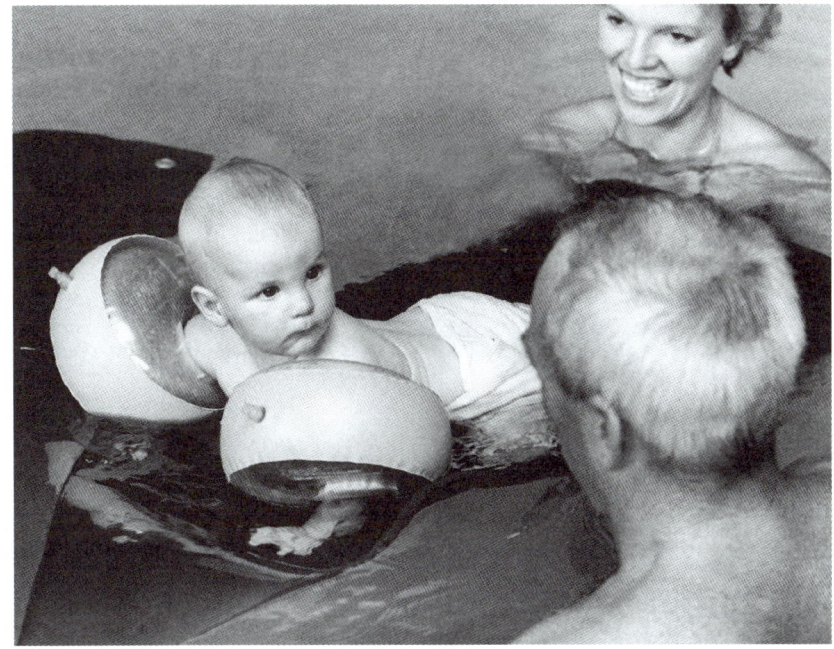
Babys erstes Floß: eine Gummimatte.

Kletterpartie → Von zwei bis vier Jahren

Setzen Sie Ihr Kind in ein kleines Boot und ermuntern Sie es, alleine hinaus- und wieder hineinzuklettern. Bleiben Sie in unmittelbarer Nähe und geben Sie, wenn nötig, Hilfestellung. Sie haben zwei Boote? Klasse! Dann können Sie Ihr Kind von einem Boot zum anderen klettern lassen.

Stapelmännchen → Von zwei bis vier Jahren

Mitspieler: zwei Erwachsene, mindestens ein Kind

Das berühmte, von englischen Studenten erfundene Spiel «Wie viele Menschen passen in eine Telefonzelle? Oder in einen Kleinwagen?» hier als Wasserspaß: Wie viele Personen passen in Ihr kleines Boot? Eine lustige Angelegenheit, wenn Vater und Mutter mit von der Partie sind.

Piratenspiel → Von drei bis sechs Jahren

Wenn Ihr Kind die Angst vor dem Tauchgang verloren hat, macht ihm das Piratenspiel garantiert jede Menge Spaß. Vater oder Mutter kommen als Piraten angeschwommen und wollen das Boot entern. Oder sie bringen das kleine Gefährt mit viel Geschaukel zum Kentern.

SPIELE MIT SCHLEUDERHÖRNERN

Kennen Sie Schleuderhörner? Nein? Dann haben Sie etwas verpasst! Sie werden zu Recht auch Heulschläuche genannt, sind so richtig schön bunt und erzeugen durch schnelle Drehbewegungen seltsame Töne. Und mit speziellen Kupplungen verwandeln sich diese Kunststoffteile ebenso wie die Schwimmnudeln in lange Schlangen. Kleinere Kinder werden es kaum schaffen, diese Schläuche schnell genug zu drehen, damit sie so richtig schön losheulen. Aber sie eignen sich mit etwas Phantasie auch dazu, mit Mutter oder Vater zu telefonieren. Außerdem lassen sie sich gut in verschiedene Wasserspiele einbauen. Und wenn die Kinder größer sind, werden die Heulschläuche mit großem Vergnügen ihrer eigentlichen Bestimmung zugeführt …

Das Pustespiel → Von zwei bis vier Jahren

Pusten Sie mithilfe eines Heulschlauches unter Wasser Ihr Kind an. Ein toller Anreiz für die Haut und ein Riesenspaß!

Die Wasserleitung → Von einem bis drei Jahren

Die Heulschläuche sind für die Kleinen willkommene Wasserleitungen. Mit Eimerchen können sie Wasser hineinschütten und es wieder herauslaufen lassen.

Pferdchenspiel → Von zwei bis vier Jahren

Pferd und Wagen fahren durchs Wasser: Funktionieren Sie die Schleuderhörner zu Zügeln um. Unsichere Kinder können die Verbindung

Die große Badeparty

zu Mutter oder Vater halten und sich dennoch von Ihnen durchs Wasser ziehen lassen.

Nicht immer gibt es in der Nähe ein Frei- oder Hallenbad. Und nicht immer reicht die Zeit für einen ausgiebigen Badeausflug. Das ist zwar schade, aber Sie können Ihr Kind zumindest im Sommer mit witzigen Planschalternativen durchaus entschädigen. Und auch für Nichtschwimmer und Landratten ist mit etwas Phantasie jede Menge Spaß bei der Planscherei angesagt.

Kleines Badeparadies → Von einem bis vier Jahren
Material: Wasserspielzeug, Gießkanne, Töpfe, Becher
Eröffnen Sie doch einfach auf der Terrasse oder auf dem Balkon Ihr eigenes Freibad. Stellen Sie ein Planschbecken auf und füllen Sie es mit lauwarmem Wasser. Ganz wichtig: jede Menge Spielzeug, zum Beispiel eine kleine Gießkanne, Schwimmtiere, Förmchen und vieles, vieles mehr. Ihr Kind wird von diesem Badeparadies begeistert sein.

Der eigene Pool → Für jedes Alter
Material: Teichfolie, Holzblöcke, Klinkersteine
oder Wasserkästen
Sie haben einen großen Garten? Wie wär's dann mit einem eigenen Pool? Sie müssen dafür nicht unbedingt tief in die Tasche greifen. Preiswerter und ebenso lustig ist es, wenn Sie im Gartengeschäft oder im Baumarkt ein großes Stück Teichfolie kaufen. Es kann ruhig bis zu zwei Meter größer sein als der Ihnen zur Verfügung stehende Platz. Sie können die Fläche dann mit Holzblöcken, Klinkersteinen oder einfach nur Wasserkästen umbauen und die Folie über diese Abgrenzung legen. Ziehen Sie die Folie dann über diese provisorische Mauer und legen Sie die Enden darunter! Schließlich soll Ihr Riesenplansch-

Erste Begegnung mit einer Qualle: Vorsicht, brennt!

becken auch halten! Nun muss eigentlich nur noch Wasser rein und die Sonne rauskommen. Vielleicht machen auch die Nachbarn bei dieser tollen Aktion mit. Dann ist der Badespaß perfekt!

Wasserrutsche

Sogar eine Wasserrutsche können Sie ohne großen Aufwand selbst bauen. Legen Sie eine Bahn Teichfolie aus dem Gartengeschäft auf einem Hang aus. Wichtig ist, dass Sie zuvor alle Steine, Äste und Wurzeln unter der Bahn wegräumen. Anschließend wird die Folie eingeseift – und zwar am besten mit flüssiger Kernseife. Gießen oder spritzen Sie Wasser über die Bahn – und los geht's! Es reicht allerdings nicht aus, wenn Sie die Rutsche nur ein einziges Mal mit Wasser nass machen.

Die große Badeparty

Regenbogen

→ Von einem bis vier Jahren

Für diese Gaudi brauchen Sie lediglich einen Schlauch! Spritzen Sie sich einfach gegenseitig ab, wenn das Wetter es zulässt. Das hört sich simpel an, kommt aber bei Kindern riesig an.

NEUNTES KAPITEL

Heißer Spaß im kalten Wasser

Einige Kinder finden es von Anfang an toll, auf Tauchstation zu gehen. Sie wollen das unbedingt so früh wie möglich lernen. Ab ungefähr anderthalb Jahren entsteht bei vielen Kindern der Wunsch nach dem Abtauchen. Wieder andere packt schon bei dem Gedanken daran die nackte Angst. Drängen Sie Ihr Kind nicht, sondern lassen Sie ihm die Zeit, die es braucht. Hat es aber erst einmal den Spaß an der Sache für sich entdeckt, bietet sich eine Fülle an spannenden Spielen an.

Ganz schön mutig, durch Mutters gegrätschte Beine hindurchzutauchen.

112

Heißer Spaß im kalten Wasser

Gießkannenspiel → Von einem bis vier Jahren

Material: Gießkanne

Dieses Spiel ist schon für die Kleinsten ideal, denn es bereitet sie spielerisch auf den ersten Tauchgang vor. Nehmen Sie hierfür eine kleine Gießkanne und lassen Sie Ihrem Kind Wasser über Arme, Beine, Rücken, Nacken und Hinterkopf laufen. Noch mehr Spaß macht es dem Baby, wenn es den Spieß einmal herumdrehen und Sie begießen darf.

Kitzelgaudi → Von einem bis vier Jahren

Bei diesem Spiel trägt Ihr Kind Schwimmflügel oder hängt im Ring. Schwimmen Sie um Ihr Kind herum. Dann tauchen Sie unter und kitzeln es am Bauch. Wiederholen Sie dies mehrmals und fordern Sie dabei Ihr Kind auf, Sie ebenfalls zu kitzeln.

Augen auf! → Von drei bis vier Jahren

Das Kind steht an einer Stelle im Becken, an der ihm das Wasser nur bis zur Brust reicht. Dann holt es tief Luft und taucht kurz unter. Beim nächsten Mal gehen Sie beide auf Tauchstation, um sich dabei in die Augen zu schauen. Wenn Ihr Kind auch nach längerer Zeit Schwierigkeiten mit dem Öffnen der Augen hat, können Wasserzusätze (Chlor) die Ursache sein. Besorgen Sie Ihrem Kind eine Taucherbrille. Es findet die Brille garantiert genial!

Wasserflugzeug → Von zwei bis vier Jahren

Das ist der Renner: Spielen Sie die Landung eines Wasserflugzeugs. Heben Sie Ihr Kind dazu hoch und lassen Sie es dann mal direkt an der Wasseroberfläche und mal darunter landen. Dabei aber gut festhalten!

Gleitflug → Ab zwei Jahren

Stellen Sie Ihr Kind an den Beckenrand und reichen Sie ihm beide Hände. Dann ziehen Sie es zum Startsprung ins Wasser. Sobald Ihr Kind sich dabei sicher fühlt, lassen Sie es einfach etwas früher los.

Schließlich springt es frei in Ihre Arme, und bald befinden Sie sich nur noch zur Sicherheit im Becken.

Frosch und Co. → Ab zwei Jahren

Das Nachahmen von Tieren ist immer wieder ein Hit! Imitieren Sie doch einmal Wassertiere. Frösche, Fische, Schlangen, Reiher und andere Tiere bewegen sich mal über und mal unter Wasser. Und sie nachzuahmen ist die totale Gaudi und eine lustige Tauchübung.

Auto bergen → Ab drei Jahren

Material: ein nicht zu kleines Holzauto

Stellen Sie auf die Einstiegsleiter des Beckens ein nicht zu kleines Holzauto. Und zwar wenige Zentimeter unter der Wasseroberfläche. Dieses Auto soll Ihr Kind nun holen. Gelingt dies, stellen Sie das Auto eine Sprosse tiefer und tiefer – bis Ihr Kind untertauchen muss, um das Auto zu bergen.

Reifensuche → Ab drei Jahren

Material: Hula-Hoop-Reifen

Halten Sie den Hula-Hoop-Reifen vollständig unter Wasser. Fragen Sie dann Ihr Kind, wo der Reifen ist. Wenn es den Reifen sucht, muss es untertauchen. Kann es mit Schwimmflügeln bereits unter Wasser durch den Ring schwimmen? Ziehen Sie doch einfach den Ring so über Ihr Kind, als wenn es selbst hindurchschwimmen würde.

Sprossenleiter → Ab drei Jahren

Legen Sie sich bäuchlings aufs Wasser und fassen Sie mit ausgestreckten Armen an die oberste Sprosse der Leiter. Dann lassen Sie sie los und fassen dann an die Sprosse darunter – bis Ihr Körper ganz unter Wasser ist. Der Kopf bleibt dabei immer zwischen den Armen. Nun fragen Sie Ihr Kind, ob es Lust hat, dieses Sprossenspiel ebenfalls auszuprobieren.

Heißer Spaß im kalten Wasser

Das erste Mal auf Tauchstation kostet ein bisschen Überwindung.

Tunneltauchen → Ab drei Jahren

Stellen Sie sich mit gegrätschten Beinen ins Wasser. Traut sich Ihr Kind bereits, durch diesen Tunnel zu tauchen?

Tiefseetauchen → Ab drei Jahren

Material: wasserfestes Spielzeug

Werfen Sie ein Spielzeug ins Wasser, das bis auf den Beckenboden sinkt. Geeignet ist beispielsweise ein größeres Holzauto, das mit einem gut befestigten Stein beladen ist. Hat Ihr Kind schon ausreichend Sicherheit entwickelt, um nun das Spielzeug zu bergen?

Wasserpurzel → Ab drei Jahren

Schafft Ihr Kind es bereits, im Wasser einen Purzelbaum zu schlagen? Wenn es dies im Bett oder auf dem Boden macht, helfen Sie ihm doch nun auch im Becken bei den ersten zaghaften Versuchen.

Wenn Ihr Kind endgültig die Scheu vor dem Untertauchen verloren hat, entdeckt es sicherlich bald eine ganz neue Leidenschaft: den Sprung von der Leiter und schließlich sogar vom Beckenrand ins Wasser. Führen Sie es behutsam an diese kleine Mutprobe heran. Und machen Sie nicht zu große Schritte, denn jeder neue Sprung kostet die Kleinen jede Menge Überwindung. Also immer schön langsam! Mit den folgenden Übungen nehmen Sie Ihrem Kind die Angst.

Kleiner Springer → Ab drei Jahren

Beginnen Sie mit dieser Übung zunächst an der Sprossenleiter. Das Wasser reicht Ihrem Kind nur bis zu den Knien. Fassen Sie es nun an

Soll ich oder soll ich nicht?

116

*Heißer Spaß
im kalten Wasser*

Nur Mut, die Landung in Mutters Armen klappt doch prima!

Und anschließend wird noch eine Runde geschwommen …

beiden Händen an und ermutigen Sie es, ins Wasser zu springen. Lassen Sie es dabei ein wenig untertauchen. Wenn Ihr Kind nicht mehr unsicher ist, lassen Sie es die Leiter eine Sprosse höher klettern und wiederholen das Ganze noch einmal. Schließlich wagt es Ihr Kind auch, vom Beckenrand ins Wasser zu springen.

Zwischenstation → Von zwei bis vier Jahren

Diese Übung ist ideal für Kinder, die sich noch nicht trauen, vom Beckenrand zu springen. Knien oder setzen Sie es einfach auf eine Luftmatratze und lassen Sie es dann ins Wasser hüpfen. Als Zwischenstation eignet sich auch ein Planschbecken oder die durchsichtige Luftpolsterfolie. Je nach Gewicht der Kinder sollte die Folie mehrfach übereinander gelegt werden. Sie eignet sich außerdem zum Krabbeln, Klettern, Rutschen und Rollen.

Kniefall → Ab drei Jahren

Das Kind kniet direkt am Beckenrand und streckt die Arme hoch. Den Kopf hält es zwischen den Armen. Es neigt sich nach vorn und lässt sich ins Wasser fallen.

Paarsprung → Ab drei Jahren

Mitspieler: ein Erwachsener, ein Kind

Das macht Spaß: Springen Sie Hand in Hand mit Ihrem Kind vom Beckenrand.

Startsprung → Ab vier Jahren

Besonders wagemutige Kinder versuchen den Sprung ins Wasser von einem leicht erhöhten Startblock. Allerdings darf kein Kind dazu überredet werden, vielmehr müssen alle aus freiem Antrieb springen. Natürlich werden diese Kinder für ihren Mut mit einem kräftigen Lob belohnt. Und über alle anderen wird selbstverständlich nicht gespottet.

Heißer Spaß
im kalten Wasser

Wippe → Ab vier Jahren

Besonders viel Spaß macht die Wippe, wenn gleich mehrere Kinder mitmachen. Lassen Sie sie zunächst nacheinander auf dem Einmeterbrett wippen. Erst im Sitzen und schließlich im Stehen. Allerdings sollen sie noch nicht springen, sondern sich lediglich an ihren wackligen Untergrund gewöhnen. Dann wird's spannend: Wer traut sich zu springen? Wichtig ist, dass kein Kind überredet oder gar gezwungen wird. Es muss sich aus eigenem Antrieb wagen! Wer noch nicht möchte, darf vom Beckenrand springen und wird auch dafür kräftig gelobt.

Delphinsprung → Ab vier Jahren

Material: Schwimmreifen

Halten Sie einen Schwimmreifen so vor Ihr Kind, dass es durch ihn hindurch einen Startsprung machen kann. Nur für ganz Mutige und weit Fortgeschrittene!

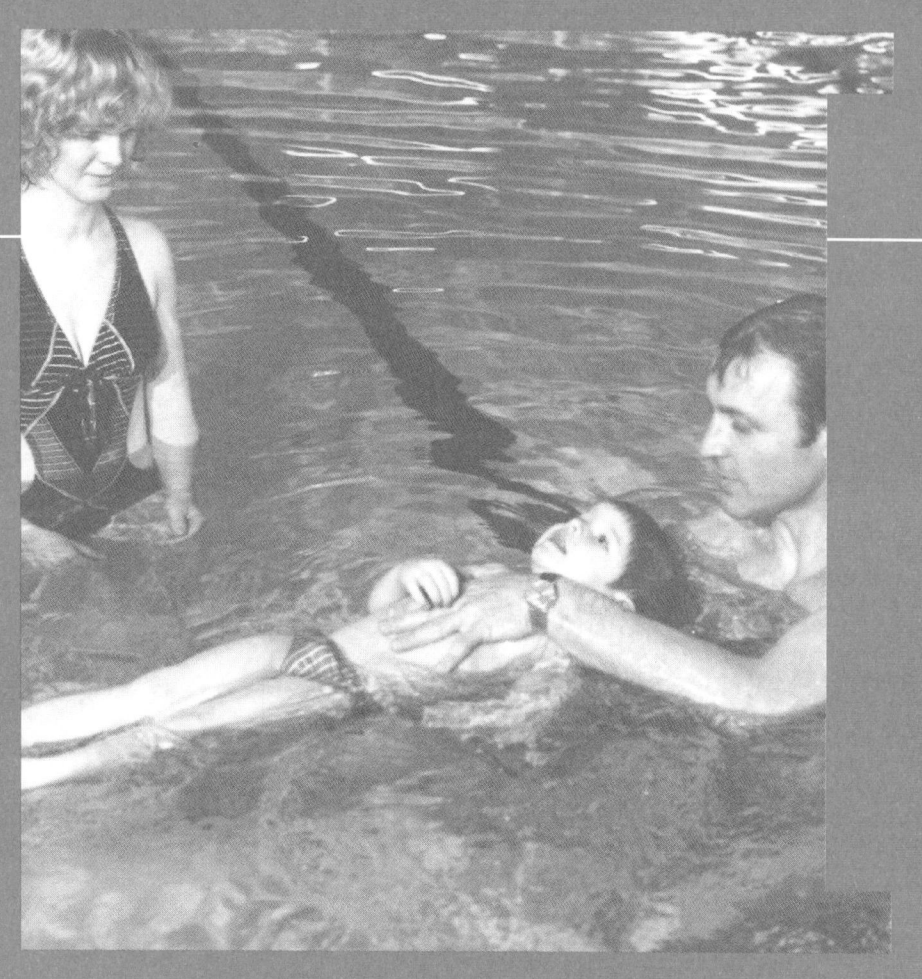

Zehntes Kapitel

Grundlagen des Baby-schwimmens

Babys können nicht schwimmen – zumindest im rein sporttechnischen Sinn. Schon auf den ersten Blick wird deutlich, dass die Bewegungsabläufe irgendwie anders als bei den Schwimmern sind. Richtig, der Babykörper hängt fast senkrecht hinunter, der Kopf liegt im Nacken, und seine Beinchen strampeln, als wollte es im Eiltempo eine Treppe hinaufsteigen. Das Kind hebt seine Ober- und Unterschenkel im Wechsel an und führt Drehbewegungen in Schwimmrichtung aus. Allerdings gibt es große individuelle Unterschiede. Einige Kinder machen Bewegungen, die stark an einen Frosch erinnern. Sie treten gleichzeitig mit beiden Beinen. Wieder andere strampeln abwechselnd mit den Beinen. Dazu rudern sie wahrscheinlich noch mit den Armen und erinnern eher an einen jungen Hund als an Franziska van Almsick.

Besonders viel ausrichten können Babys mit ihren Armen aber noch nicht. Sie sind weit weniger beweglich als ihre Beine und nehmen im Wasser eine eher stützende Haltung ein. Der Oberkörper bleibt aufrecht, und die Arme sind nur dann wirklich aktiv, wenn das Kleine zur Mutter oder zu einem anderen Ziel gelangen möchte. Die Arme dienen in diesem Alter eher der Balance und haben nur einen sehr geringen Einfluss auf den Vor- sowie auf den Antrieb. Und auch die Koordination der Bein- und Armbewegungen setzt erst nach etlichen Schwimmstunden ein. Erst dann schaffen Kinder es instinktiv, sich trotz der unterschiedlichen Abläufe relativ harmonisch zu bewegen. So richtig voran kommen die Babys mit ihrer Paddelei anfangs jedoch noch nicht. Denn die größte Wasserverdrängung erfolgt lediglich durch die Füßchen.

Heinz Bauermeister, Gründer der ersten Internationalen Babyschwimmschule in München, spricht in diesem Zusammenhang vom so genannten Reflexschwimmen. Allerdings sind die Experten sich nicht darüber einig, ob sich aus diesen Reflexen das spätere Schwimmen entwickelt.

Grundlagen des
Babyschwimmens

Überwiegend herrscht heute die Meinung vor, dass die Bewegungsabläufe auch nach dem Baby-schwimmen systematisch erlernt werden müssen.

Übrigens sollten Babys im Wasser durch die Nase atmen. Gewöhnen sie sich die Mundatmung an, besteht die Gefahr, dass sie Wasser schlucken. Außerdem sind die Bewegungsmöglichkeiten stark einge-schränkt. Mit der Zeit wird das Kind jedoch zur richtigen, gleich-mäßigen Atmung durch die Nase finden. Nicht konstant bleibt die Atemfrequenz. Sie schwankt je nach Bewegungstempo, Wassertempe-ratur und verschiedenen psychischen Faktoren. Ist Ihr Kind aufge-regt, erhöht sich die Frequenz (wie bei Ihnen auch). Die richtigen Atem- und Tauchtechniken erlernt es aber erst im Kindergartenalter. Sie können es also getrost langsam angehen lassen!

Wichtig für Sie ist es, die richtigen Haltetechniken zu beherrschen, damit Sie Ihr Baby jederzeit sicher im Griff haben. Von Vorteil wäre es natürlich auch, wenn Sie mit Ihrem Kind schon vor Kursbeginn die ersten kleinen Schwimmübungen machen würden.

DIE HALTETECHNIKEN

Der Badewannengriff

Damit Ihr Baby sein Vertrauen behält, müssen Sie es immer fest im Griff haben. Besonders sicher ist der Badewannengriff. Dazu nehmen Sie Ihr Baby unterhalb des Rückens mit einem Arm auf. Mit Ihrer freien Hand unterstützen Sie die Oberschenkel. Achten Sie auf den Blickkontakt und reden Sie beruhigend auf Ihr Kind ein. Einziger Nachteil: Die Bewegungsfreiheit wird eingeschränkt. Für Gleitübun-gen ist dieser Griff also ungeeignet!

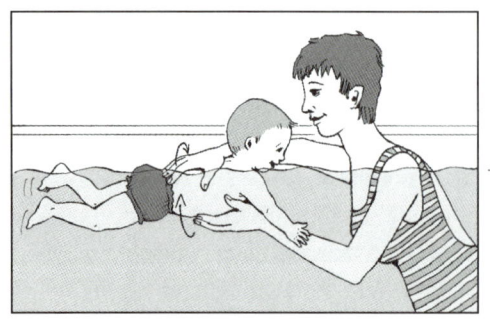

Babys lieben es, in der Bauchlage zu paddeln. Dabei können sie genau beobachten, was um sie herum vorgeht. Und sie können sich auch besser bewegen. Nur Rückenschwimmen mit Blick an die Decke mögen Babys nicht besonders. Versuchen Sie trotzdem, hin und wieder die Lage Ihres Kindes zu verändern. Durch das Drehen vom Bauch auf den Rücken und wieder zurück lernt das Kleine, sich dem Wasser anzupassen.

Der Achselgriff

Mehr Bewegungsfreiheit ermöglicht der Achselgriff. Dazu legen Sie

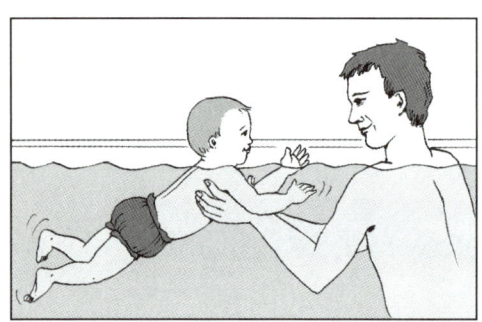

beide Hände seitlich unterhalb der Achselhöhlen des Kindes an. Der Kopf wird vorsichtig gestützt, damit es kein Wasser ins Gesicht bekommt. Gehen Sie nun rückwärts und ziehen Sie Ihr Baby dabei durchs Wasser. Diesen Griff können Sie übrigens prima in der Badewanne üben. Dadurch gewinnen Sie Sicherheit, und das spürt auch Ihr Kind. Dort kann es sich zunächst in der Rückenlage entspannen und es genießen, mit einem Spielzeug in den Händchen durchs Wasser zu gleiten. Das Spielzeug lenkt es nicht nur von der ungewohnten Lage ab, sondern verhindert auch ein wildes Herumrudern mit den Ärmchen. Vorsicht: Plötzliche Bewegungen können es ganz schön aus der Balance bringen! Der Achselgriff ist ideal für Gleitübungen. Sie können das Baby gut führen – selbst wenn es sich bereits relativ selbständig mit einer Schwimmhilfe im Wasser bewegt. Außerdem ermöglicht der Achselgriff, das Baby problemlos zu einem anderen Erwachsenen gleiten zu lassen.

Grundlagen des Babyschwimmens

Der Oberkörpergriff

Fühlt Ihr Kind sich in der Rückenlage wohl, können Sie es auch mit

dem Oberkörpergriff halten. Dabei unterstützt eine Hand den kleinen Körper im Bereich der oberen Brustwirbelsäule. Die andere Hand haben Sie frei, um Ihr Kind mit kleinen Schwimmtieren oder Bällen abzulenken. Und Sie können Ihren kleinen Rundgang in Schlangenlinien und kleinen Kurven für Ihr Kind zu einem lustigen Abenteuer machen. Dabei gewöhnt es sich an Wellen und an die ersten Spritzer ins Gesicht.

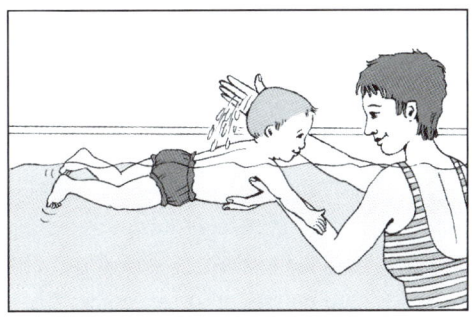

Bedenken Sie, dass Ihr Kind in der Rückenlage bald mutiger wird und anfängt, recht munter zu strampeln.

Für Ihr Baby wäre es ein gewaltiger Schock, wenn es abrutschen und untertauchen würde. Gerät es durch seine Paddelei jedoch in die Schräglage und somit teilweise unter Wasser, ist allein Ihre Reaktion entscheidend. Geraten Sie in Panik, fängt garantiert auch Ihr Kind an zu schreien. Am besten spielen Sie den kleinen Zwischenfall als neue Übung herunter. Lachen Sie und reden Sie beruhigend auf Ihr Kind ein. Auch wenn's schwer fällt und Ihr Herz bis zum Hals klopft!

Der beidarmige Hüftgriff

Für ältere Kinder eignet sich der beidarmige Hüftgriff, der in Bauch- und in Rückenlage angewendet werden kann. Sie verfügen schon über eine ausreichende Rumpfstabilität, die ein Abkippen in der Hüfte verhindert. Ganz einfach ist dieser Griff aber nicht. Üben Sie ihn vor-

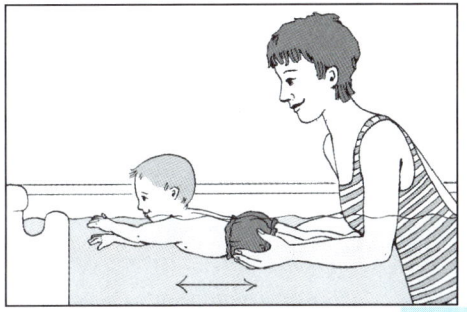

her an Land, damit Sie im Wasser dann wirklich sicher sind. Nicht angewendet werden sollte der Hüftgriff bei sehr ängstlichen Kindern.

Eigentlich sieht es ganz einfach aus. Für die Kleinen ist das Gleiten jedoch eine schwierige Angelegenheit. Eine, die viel Vertrauen und noch mehr Mut erfordert. Schließlich muss Ihr Kind zum ersten Mal im Wasser aktiv werden. Aber zunächst sollte es mit Unterstützung

Mit Papas Hilfe traut er sich …

von Hilfsmitteln lernen, im Wasser seine Balance zu halten. Schon bald bleibt es eine kurze Strecke über Wasser, wenn Sie ihm einen kleinen Schubs geben. Nach einiger Zeit gelingt ihm das auch ohne Schwimmhilfe, wenn Sie selbst als Ziel dienen oder sein Lieblingsspielzeug als Anreiz nehmen. Etwas Mut und die richtige Lage im Wasser sind natürlich schon erforderlich, um ohne Flügel und ohne Reifen zu gleiten.

Grundlagen des
Babyschwimmens

… Ziel erreicht: Gleiten bis zum Beckenrand.

Geben Sie Ihrem Baby aber zunächst Sicherheit – indem Sie es bei den ersten Gleitübungen im Hüft- oder Oberkörpergriff halten (s. o., S. 124). Schieben Sie Ihr Kind durchs Becken – mal langsam und mal schnell, mal geradeaus und dann wieder in Schlangenlinien. Suchen Sie sich ein Ziel – vielleicht den Beckenrand oder das Lieblingsspielzeug Ihres Kindes. Reden Sie dabei mit ihm und loben Sie es ausgiebig. Bald beginnt es, sich aus lauter Neugierde dem Ziel entgegenzustrecken. Und dadurch nimmt es automatisch die angestrebte flache Körperhaltung ein. Für die ersten selbständigen Gleitversuche eignen sich besonders breite Treppeneinstiege oder ein Rutscheingang.

GLEITEN MIT SCHWIMMHILFEN

Auf dem Weg in die Selbständigkeit im Wasser sind sie besonders gut geeignet: Schwimmhilfen ermöglichen es schon sehr früh, dass die Kleinen ihren Bewegungsradius erheblich vergrößern und sich relativ selbständig im Becken bewegen können. Sie fühlen sich mit

Schwimmflügeln oder -reifen sicher – und das in der Rücken- sowie in der Bauchlage. Allerdings verändern diese Auftriebshilfen die Lage des Körpers im Wasser, und deshalb sind Gleichgewichtsübungen mit den entsprechenden Hilfsmitteln zwingend notwendig. Schließlich muss Ihr Kind sich erst an die neue Situation gewöhnen!

Übrigens sind ausschließlich Hilfsmittel empfehlenswert, die die Bewegungsfreiheit des Kindes nicht einschränken.

Damit Ihr Kind auch mit Schwimmflügeln oder anderen Hilfsmitteln die Balance halten kann, wiederholen Sie zunächst die einfachen Schubübungen (s. S. 126).

Variieren Sie bei den Übungen das Tempo und die Richtung. Und beobachten Sie, ob Ihr Kind die kleinen Wellen abfangen kann.

Ebenfalls sehr sinnvoll ist es, sich beim Bademeister ein Schwimmbrett auszuleihen. Schon Babys können sich problemlos an den Seitenrändern festhalten und dann in kurzer Zeit lernen, mit ein wenig Unterstützung – eventuell noch mit Schwimmflügeln – durchs Becken zu paddeln. Ist Ihr Kind anfangs noch sehr ängstlich, können Sie es mit dem Hüftgriff (s. S. 125) halten und ihm so die notwendige Sicherheit vermitteln. Auch hier ist Abwechslung wieder Trumpf! Steuern Sie Ihr Kind in Schlangenlinien oder in Kreisen durchs Wasser, mal schnell und mal langsam. Dabei schieben Sie mit gleichmäßigem Schwung ohne ruckartige Bewegungen. Befindet sich in dem Becken ein Rutscheinstieg oder eine breite Treppe, können Sie es dort ausgleiten lassen. Ihr Kind wird auf diese erste Selbständigkeit mächtig stolz sein und neues Selbstbewusstsein entwickeln.

Mit dem Schwimmbrett lernen Kinder außerdem, Wellen richtig auszubalancieren. Und sie gewöhnen sich langsam daran, dass ihnen auch einmal eine kleine Welle direkt ins Gesicht schwappt. Sie lernen, den Mund zu schließen, und erfüllen damit schon eine wichtige Voraussetzung für den ersten Tauchgang.

In der nächsten Phase können Sie Ihr Kind schon zum Beinschlag ermuntern. Es wird bald merken, dass es mit diesen Bewegungen schneller ans Ziel gelangt. Und das ist ein echter Motivationsschub

Grundlagen des Babyschwimmens

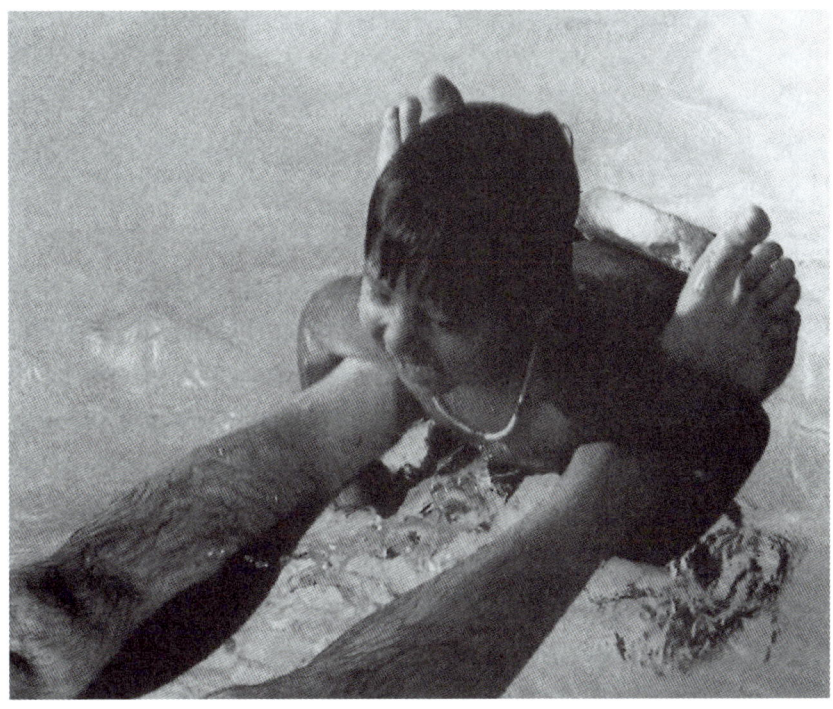

Hier ersetzen Vaters Beine das Schwimmbrett.

für die Kleinen. Loben Sie Ihr Kind kräftig und lassen Sie ihm am Ziel erst einmal Zeit zum Ausruhen und zum Spielen.

Noch mehr Gleitmöglichkeiten gibt es, wenn zwei Begleitpersonen im Wasser sind. Besonders viel Spaß haben die Kleinen, wenn Vater und Mutter sich im Wasser gegenüberstehen und sie von einem zum anderen pendeln dürfen. Die Entfernung sollte zunächst nicht größer als ein Meter sein, um das Baby nicht zu überfordern. Halten Sie es mit dem Hüftgriff, wobei es zu Ihrem Partner sieht. Er klatscht in die Hände oder versucht, mit einem Spielzeug die Aufmerksamkeit des Kindes auf sich zu lenken. Streckt es sich Ihrem Gegenüber entgegen, schieben Sie es leicht an, damit das Baby seinem Ziel entgegengleitet. Wichtig ist auch hier wieder ein dickes Lob! Mit der Zeit können Sie dann die Distanz zwischen sich und Ihrem Partner auf maximal drei Meter erhöhen. Das können Sie auf spielerische Weise machen, indem Sie sich von Ihrem Kind fangen lassen und ein bis zwei Schritte rückwärts gehen. Natürlich können Sie Ihrem Kind auch entgegengehen, wenn Sie beispielsweise merken, dass es unsicher ist oder müde wird. In der Regel wird Ihr Kind aber auch vor einer größeren Entfernung nicht zurückschrecken, denn es vertraut Ihnen. Gehen Sie aber sorgfältig mit diesem Vertrauen um! Ist es einmal zerstört, lässt es sich nur mühsam wieder aufbauen. Seien Sie also im Notfall immer zur Stelle und lassen Sie sich nicht von falschem Ehrgeiz zu einer verfrühten Übung verleiten! Ist Ihr Baby noch jünger als sechs Monate, wenden Sie besser den Oberkörpergriff an. Er gleicht die fehlende Rumpfstabilität aus.

Mit der Zeit können Sie die Gleitübungen auch ohne Schwimmhilfen durchführen. Voraussetzung ist allerdings, dass Ihr Kind keine Angst mehr beim Gleiten mit den Auftriebshilfen hat. Nur wenn es sich bei allen Übungen wohl fühlt, ist es bereit für den nächsten Schritt. Beginnen Sie ihn mit dem beidhändigen Hüftgriff über eine kurze Distanz. Suchen Sie sich gemeinsam ein Ziel aus, das Ihr Kind erreichen möchte und das es auch anschauen kann. Erst wenn das sicher gelingt, können Sie die Strecke langsam vergrößern. Und nach jedem Abschnitt wird wieder kräftig gelobt und eine kleine Pause eingelegt. Schmusen Sie mit Ihrem Kind, geben Sie ihm Zeit zum Ausruhen und zum Spielen. Etwas sollten Sie bei den ersten selbständigen Gleitversuchen unbedingt vermeiden: den Untergang. Taucht Ihr Baby bei seinem Versuch unfreiwillig unter, kann es einen Riesenschrecken bekommen und hat vielleicht künftig vom Schwimmen die Nase voll.

Die ersten Gleitversuche erfordern Ihre ganze Aufmerksamkeit, denn sie legen den Grundstein für den späteren Spaß am Wasser.

Grundlagen des Babyschwimmens

Schon Kleinkinder lernen den Beinschlag beim Rückenkraulen.

DER BEINSCHLAG IN DER RÜCKENLAGE

Babys und Kleinkinder führen im Wasser automatisch mit den Beinen Bewegungen aus, die ans Radfahren erinnern. Dabei hängt der Körper schräg bis senkrecht ins Wasser, und die Beine werden stark angezogen – wie beim Treppensteigen. Die einfachste Schwimmbewegung ist sicher der Beinschlag beim Rückenkraulen. Bereits bei Kleinkindern können diese ursprünglichen Bewegungsabläufe korrigiert werden. Wichtig ist, dass:

- der Körper waagerecht auf dem Wasser liegt;
- die Beine sich wechselseitig auf- und abbewegen – und zwar wie beim Gehen mit gestreckten oder nur leicht angewinkelten Beinen;
- die Beine nicht aus dem Wasser herausragen.

Zum Üben setzen Sie Ihr Kind anfangs in ein Planschbecken oder ins flache Wasser. Dann wird mit gestreckten Beinen kräftig ins Wasser geschlagen. Das spritzt herrlich und macht einen Riesenspaß. Fragen Sie Ihr Kind anschließend, ob es den Beinschlag auch hinkriegt, ohne zu spritzen. Schon bald merkt es, dass es dabei die Beine nicht aus dem Wasser heben darf, sondern nur bis knapp unter die Wasseroberfläche. Lassen Sie Ihr Kind beides üben – mal schnell und mal langsam. Wenn es das schafft, stützt es sich nun mit beiden Händen am Boden ab. Das Wasser sollte bei dieser Übung bis zu den Schultern reichen und der Bauch gerade eben mit Wasser bedeckt sein.

Versuchen Sie doch einmal Folgendes: Damit Ihr Kind nicht in der Hüfte abknickt, soll es ein Schwimmtier auf dem Bauch balancieren. Noch schwieriger wird diese Übung, wenn das Spielzeug durch einen Ball ersetzt wird. Das ist eine ganz schön wackelige Angelegenheit!

Im nächsten Schritt ziehen Sie Ihr Kind in der Rückenlage durchs Wasser. Dabei befindet sich Ihre Hand mit gespreizten Fingern unter dem Schulterblatt. Die Beine liegen waagerecht im Wasser. Ist das Kind beim Gleiten sicher, können Sie nach Absprache die stützende Hand wegnehmen. Die Haltung können Sie nun auch durch das Schweben im Wasser – also durch den so genannten toten Mann – korrigieren. Dabei liegt das Kind regungslos auf dem Wasser. Sie stützen es ab. Geht es auch einen kurzen Augenblick ohne Ihre Hilfe? Wenn nicht, kann Ihr Kind den Beinschlag einsetzen. Dann schwimmt es bereits frei auf dem Rücken.

Verbessern können Sie die Lage Ihres Kindes auch mit einem Schwimmbrett. Legen Sie es Ihrem Kind wie ein Kissen unter den Kopf. Nun hält es die Schwimmhilfe mit beiden Händen. Durch den Auftrieb kommt es etwas aus dem Wasser heraus und kann seine Beinbewegungen selbst beobachten.

Halten Sie das Brett auf dem Wasser in Höhe der Knie. Ihr Kind sollte beim Beinschlag nicht anschlagen.

Grundlagen des Babyschwimmens

Schon mit Kleinkindern ab etwa zwei Jahren können Sie fürs erste Schwimmen den Beinschlag in der Brustlage üben. Entscheidend ist auch hier wieder die richtige Lage. Relativ leicht ist die Abwärtsbewegung, während die Aufwärtsbewegung bewusst ausgeführt und systematisch erlernt werden muss. Sie ähnelt dem Schwungholen beim Kicken. Die Füße sollen locker gestreckt sein, wobei die Beine nicht aus dem Wasser herausragen dürfen. Besonders wichtig ist, dass der Körper waagerecht im Wasser liegt.

Ziehen Sie Ihr Kind zunächst in der Brustlage durchs Wasser. Gehen Sie dabei rückwärts und schauen Sie es an – mit einem Lächeln und mit beruhigenden Worten. Lassen Sie es auch schon einmal ins Wasser ausatmen, über Wasser einatmen, ins Wasser ausatmen … Dann geht das Kind an den Stufen der Sprossenleiter in die waagerechte Lage auf den Bauch. Es versucht, die gestreckten Füße zu schließen und die Balance zu halten. Schafft Ihr Kind es, bei dieser kleinen Übung ins Wasser auszuatmen?

Vielleicht möchten Sie sich auch Ihre eigene Schwimmsprosse basteln? Binden Sie einfach an einen nicht zu langen Stiel an jedes Ende einen Luftballon. Und schon schwimmt Ihre Sprosse, nach der Ihr Kind bäuchlings auf dem Wasser liegend greifen kann. Ziehen Sie es an dieser Sprosse durchs Wasser und lassen Sie es auf Ankündigung los. Bleibt es nun schon einen Augenblick waagerecht auf dem Wasser liegen?

Für diese Übung benötigen Sie Hilfe: Ein Erwachsener hält das Kind in waagerechter Lage – also mit gespreizten Fingern unter dem Brustkorb. Der andere gibt ihm von hinten einen kleinen Schubs. Dadurch treibt das Kind nach vorn, ohne dass Ihre Hand mitgeht. Bleiben Sie aber in unmittelbarer Nähe des Kindes stehen, damit Sie zur Not sofort wieder zufassen können. Durch den Stoß und in Ihrem Kielwasser gleitet das Kind ein kleines Stück frei im Wasser.

Als Nächstes wird der Beinschlag geübt. Das Kind befindet sich im kniehohen Wasser in der Bauchlage. Nun erhebt es sich in den Liegestütz, wobei ihm das Wasser bis zur Schulter reicht. Die Beine werden aus dem Wasser gehoben. Jetzt darf Ihr Kind die Beine schlagen, bis es kräftig spritzt. Dann wird die Übung ohne Spritzer wiederholt. Dabei dürfen die Beine nicht aus dem Wasser herausragen, sondern müssen knapp unter der Oberfläche bleiben. Halten Sie Ihr Kind an beiden Händen und ziehen Sie es mit schlagenden Beinen durchs Wasser. Irgendwann, wenn diese Übung richtig sitzt, tritt ein Ball oder ein Styroporbrett an Ihre Stelle. Jetzt kann es mal schnell und mal langsam schlagen und dabei mal nach links und mal nach rechts paddeln. Besonders viel Spaß macht diese Übung, wenn mehrere Kinder einen Ball vor sich her schieben. Wer schafft es, als Erster den Beckenrand zu erreichen?

Dieses Wettschwimmen klappt aber nur, wenn die Kinder die vorherige Übung beherrschen.

SCHWIMMFLOSSEN

Eine sehr gute Hilfe sind Schwimmflossen. Sie helfen Ihrem Kind ab etwa zweieinhalb Jahren dabei, die Beine gestreckt zu halten. Durch den wachsenden Wasserwiderstand wird die Beinbewegung besser wahrgenommen und die Muskulatur gekräftigt. Hat Ihr Kind erst einmal den Vorwärtsgang gefunden, kommt es rascher von der Stelle: Und es fällt ihm leichter, die angepeilten Ziele zu erreichen.

Das gezielte Paddeln in eine Richtung motiviert und verleiht dem Kind neues Selbstbewusstsein!

Die Schwimmflossen verändern allerdings auch das Gleichgewicht. Bei jeder Bewegung der Beine schwankt der kleine Körper und muss geschickt ausbalanciert werden. Auf diese Weise wird die Bewegungsvielfalt des kleinen Schwimmanfängers wesentlich größer. Und deshalb ist es sinnvoll, die vorgestellten Übungen auch einmal mit

Grundlagen des Babyschwimmens

Schwimmflossen durchzuführen. Das verbessert die Haltung und macht obendrein noch viel, viel Spaß.

Vorsicht: Achten Sie auf die Passform der Schwimmflossen! Genau wie falsches Schuhwerk können auch sie die noch unfertigen Füße schädigen. Nicht verwendet werden sollten Flossen, die an der Ferse mit einem Bändchen versehen sind, das wie bei Sandalen für den Halt sorgen soll. Empfehlenswert sind vielmehr Kautschukflossen, die dem Fuß allerdings ausreichend Platz lassen sollen. Fallen die Flossen zu groß aus, können Sie das zur Not mit Krabbelsocken samt Gumminoppen überbrücken.

So ziehen Sie Flossen an:
- – Fuß und Flosse anfeuchten,
- – Fuß quer zur Öffnung hineinstecken,
- – Flosse drehen,
- – Fuß nach vorne schieben.

Bitte sehen Sie alle Übungen nicht zu verbissen! Zwischendurch ist immer wieder Zeit zum Spielen angesagt! Auch bei Kleinkindern ist der Spaß an der Sache entscheidend!

DIE ERSTEN TAUCHÜBUNGEN

Die meisten Kinder ab anderthalb bis zwei Jahren finden es unheimlich spannend, auf Tauchstation zu gehen. Einige ganz Mutige wagen sich auch früher schon unter die Wasseroberfläche, doch sie stellen eher die Ausnahme dar. Drängen Sie Ihr Kind nicht! Es muss aus freien Stücken abtauchen!

Bevor Sie sich an die ersten Übungen heranwagen, machen Sie Ihr Kind mit den Bewegungen unter Wasser vertraut. Tauchen Sie einfach ein Schwimmtier, einen kleinen Ball oder ein anderes Spielzeug unter die Wasseroberfläche – und zwar, bis es nicht mehr zu sehen ist.

Dann lassen Sie es plötzlich wieder auftauchen. Das findet Ihr Kind garantiert komisch. Sogar der blaue Beckenboden kann interessant sein. Beispielsweise wenn es farbig abgesetzte Fliesen gibt. Oder lassen Sie doch einfach einige Gegenstände, die sich farblich gut abheben, versinken. Beispielsweise Tauchringe oder -fische. Auch Fingerspiele kommen gut an, mit denen Sie Ihr Kind für Dinge interessieren, die sich unter Wasser ereignen.

Das Kind bekommt im Becken einen Eindruck von der Tiefe.

Ideal sind natürlich eigene kleine Tauchübungen, mit denen Sie Ihr Kind zum Nachahmen animieren können. Dazu brauchen Sie allerdings eine weitere Begleitperson, die Ihr Kind beaufsichtigt, während Sie unter Wasser sind. Tauchen Sie direkt neben Ihrem Kind unter und zeigen Sie ihm mit kleinen Übungen, dass man auch unter der Wasseroberfläche viel Spaß haben kann. Das macht garantiert neugierig!

Eine der wichtigsten Voraussetzungen fürs Tauchen ist, dass Ihr Kind keine Angst vor Wasserspritzern hat. Üben Sie schon beim Baden in der Wanne, wie es ist, Wasser ins Gesicht zu bekommen. Gehen Sie dabei spielerisch vor – also ohne jeglichen Druck. Bleiben Sie stets geduldig und zeigen Sie Verständnis für die Gefühle Ihres Kindes.

An Wasserspritzer können Sie Ihr Kind auch bei den wichtigen Gleitübungen in der Bauch- und Rückenlage (s. S. 126 ff.) gewöhnen. Schließlich bleibt es hierbei nicht aus, dass ab und an der ein oder andere Tropfen Wasser ins Gesicht gerät. Lenken Sie Ihr Kind mit Spielzeug, mit Liedern oder mit immer neuen Spielen ab. Wenn es so richtig aufregend zugeht, wird es das bisschen Wasser gar nicht registrieren. Ideal sind natürlich vor allem Spiele mit Wassertropfen, die noch vom ersten Schwimmbadbesuch in guter Erinnerung sind. Nehmen Sie dazu eine kleine Gießkanne mit ins Schwimmbad, dann können Sie sich beispielsweise gegenseitig begießen. In der Regel kommt ein Baby beim Spielen erst gar nicht auf die Idee, mit Angst auf ein paar kleine Spritzer zu reagieren.

Grundlagen des Babyschwimmens

Wenn Ihr Kind weder genervt noch ängstlich auf die Wassertropfen reagiert, ist der erste Schritt in Richtung Tauchgang geschafft.

Nun wenden Sie einen einarmigen Haltegriff an, bei dem Sie sich besonders sicher fühlen. Und auch Ihre eigenen Gefühle sind bei den nächsten Übungen entscheidend. Wenn Sie selbst Angst haben oder unsicher sind, spürt das auch Ihr Kind. Es wird ebenfalls mit Angst reagieren und nicht die geringste Lust verspüren, in dieses unbekannte Etwas zu tauchen. Wenn Ihnen dabei schon nicht geheuer ist, wie soll sich dann erst das Kleine fühlen?

Beregnung

Halten Sie Ihr Kind mit dem von Ihnen gewählten Griff vor Ihrem Körper in der Bauchlage. Suchen Sie dabei stets den Blickkontakt und spritzen Sie dem Baby mit der freien Hand etwas Wasser ins Gesicht. Aber bitte vorsichtig! Machen Sie zunächst nur das Kinn nass. Benetzen Sie dann den Mund und schließlich die mittlere sowie die obere Gesichtspartie. Fühlt Ihr Kind sich noch immer pudelwohl, können Sie nun von der Stirn etwas Wasser über sein

Wichtig: Beim Tauchen den Mund schließen.

Gesicht laufen lassen. Vielleicht haben Sie Lust und singen ihm dazu ein schönes Regenlied vor. Das beruhigt Ihr Kind, das bei Ihrer Beregnung in der Regel seinen Mund schließen wird. Und das ist das Allerwichtigste, bevor es untertaucht! Achten Sie also immer genau darauf, ob Ihr Kind auch wirklich nach dem Wasserkontakt seinen Mund fest verschlossen hat.

Genaues Beobachten ist auch bei den nächsten Übungen unbedingt erforderlich. Das Verhalten Ihres Kindes verrät Ihnen, wann es bereit zum Abtauchen ist. Reagiert es auf das herabrieselnde Wasser noch immer mit Ablehnung? Oder schreit es sogar aus Protest, anstatt die Lippen zusammenzukneifen? Das sind sichere Anzeichen dafür, dass die Zeit für den ersten Tauchgang noch nicht reif ist. Wenden Sie sich wieder Ihren Spielen zu und versuchen Sie die Übungen zu einem späteren Zeitpunkt. Sie haben keine Eile – und Ihr Kind schon gar nicht!

Ringe einsammeln

Spiel und Spaß stehen immer im Vordergrund, wenn Sie Ihren Nachwuchs an den ersten Tauchgang heranführen. Besonders ängstliche Kinder lassen sich leicht mit lustigen Spielsachen ablenken. Irgendwann merken sie es gar nicht mehr, wenn sie mit einem Arm bis zur Schulter ins Wasser eintauchen, um eine Rassel aufzuheben. Nehmen Sie doch einmal Tauchringe oder -fische mit ins Becken. Sie können diese bunten Gegenstände um Ihr Kind herum platzieren, das im kniehohen Wasser steht oder auf der Treppe sitzt. Sie brauchen es sicher gar nicht erst lange zu bitten, damit es die Ringe wieder einsammelt. Eher demotivierend ist es allerdings, wenn das Wasser zu tief ist oder die Ringe in einer zu großen Entfernung auf dem Boden liegen. Das macht keinen Spaß, und zudem besteht die Gefahr, dass Ihr Kind Wasser schluckt.

Unter einer Stange paddeln

Übrigens können Sie Ihrem Kind das Tauchen auch mit einer Schwimmnudel schmackhaft machen. Diese bunte Schlange schwimmt auf der Wasseroberfläche und bietet eine ganze Reihe an Spielmöglichkeiten. Mit einer Schwimmnudel an der Seite fällt es beispielsweise gleich viel leichter, das Gesichtchen ins Wasser zu tauchen. Das gilt übrigens auch für Stangen, die Sie zunächst vor Ihren

Grundlagen des Babyschwimmens

Hand in Hand fällt das Tauchen leichter.

Körper halten – und zwar ein Stück über der Wasseroberfläche. Ihr Kind kann unter dieser Stange herumpaddeln. Allmählich senken Sie den Stab ins Wasser. Nun ermuntern Sie Ihr Kind, seinen Kopf vor der Stange ins Wasser zu legen. Ein kräftiges Lob ist fällig, wenn es sich traut! Auch bei diesen Übungen ist wieder wichtig, dass Sie Ihrem Kind viel Zeit lassen.

Sie sollten immer in greifbarer Nähe sein, um ihm jederzeit helfen zu können.

Seelöwe

Bevor Sie mit Ihrem Kind das nächste Ziel ansteuern, sind Sie wieder selbst am Zug! Tauchen Sie direkt vor Ihrem Kind – aber erst, nachdem Sie zuvor kräftig eingeatmet haben. Übertreiben Sie dabei ruhig etwas. Unter Wasser atmen Sie einen Teil der Luft mit dem Mund aus, und beim Auftauchen pusten Sie den Rest Ihrem Kind mitten ins Gesicht.

Beim nächsten Mal prusten Sie wie ein Seelöwe: Steckt Ihr Kind die Wasserspritzer locker weg und verschließt seinen Mund? Dann wird es Sie garantiert nachahmen, zumindest schon mal sein Gesichtchen ins Wasser legen. Hat es auch dabei den Mund fest geschlossen?

Der erste Tauchgang

Nach mehreren erfolgreichen Versuchen können Sie Ihr Kind nun auf den Arm nehmen, mit dem beidseitigen Achselgriff halten und mit ihm in kleinen Schritten durchs Wasser hüpfen. Sie können dabei getrost so weit abtauchen, bis das Kleine auf Ihrem Arm bis zu den Schultern unter der Wasseroberfläche ist. Dabei immer den Blickkontakt suchen!

Den allerersten Tauchgang legen Sie am besten ans Ende einer Schwimmstunde. Dann hat sich Ihr Kind im Wasser richtig eingewöhnt, und wenn es sich durch die Tauchübungen erschreckt, können Sie das Becken verlassen. Jetzt braucht es viel Trost und noch mehr Geborgenheit!

Verschluckt es sich doch einmal, nehmen Sie es rasch auf den Arm und klopfen leicht auf seinen Rücken, damit es das Wasser wieder ausspuckt. Trösten Sie es ausgiebig. Wenn Ihr Kind sich wieder beruhigt hat, wenden Sie sich zunächst anderen Spielen zu, damit es den Schreck vergisst. Lassen Sie sich mit dem nächsten Tauchversuch Zeit. Nach dieser kleinen Panne sollten Sie sich nun wieder vergewissern, ob Ihr Kind den Mund beim nächsten Versuch richtig geschlossen hat.

Leichter fallen die ersten Tauchgänge natürlich, wenn Vater und Mutter im Becken sind. Ihr Kind wird begeistert sein, wenn ihm ein Elternteil entgegentaucht. Noch besser ist es, wenn sich die beiden unter Wasser treffen und dann prustend zusammen auftauchen. Oder werfen Sie Ihr Kind einmal hoch in die Luft, um es dann vor dem Aufprall ins Wasser wieder aufzufangen. Später traut es sich vielleicht sogar, im Wasser zu landen. Viel Spaß macht es auch, das Kind gemeinsam durchs Wasser zu ziehen oder mit ihm Fangen zu spielen. Zu groß sollte der Abstand dabei allerdings nicht sein.

Grundlagen des
Babyschwimmens

Für Kinder ist es das Größte, von einer Badeinsel oder vom Beckenrand ins Wasser zu springen. Ganz Mutige trauen sich dies schon ab
etwa anderthalb Jahren, wenn das Vertrauen zu Mutter oder Vater
stimmt. Ihr Kind muss sich absolut sicher sein, dass Sie es bei jedem
Sprungversuch auch wirklich auffangen.

So gelingt der Sprung: in Mamas …

Bereiten Sie Ihr Kind sehr behutsam und in ganz kleinen Schritten
auf den Sprung ins Wasser vor. Nehmen Sie es dazu auf den Arm und
hüpfen Sie mehrmals auf und ab. Hat Ihr Kind daran Spaß, fassen Sie
es mit beiden Händen unter den Achseln und heben es über die Wasseroberfläche. Dann tauchen Sie es zunächst langsam wieder ins Wasser – bis seine Schultern vollständig bedeckt sind. Vielleicht variieren

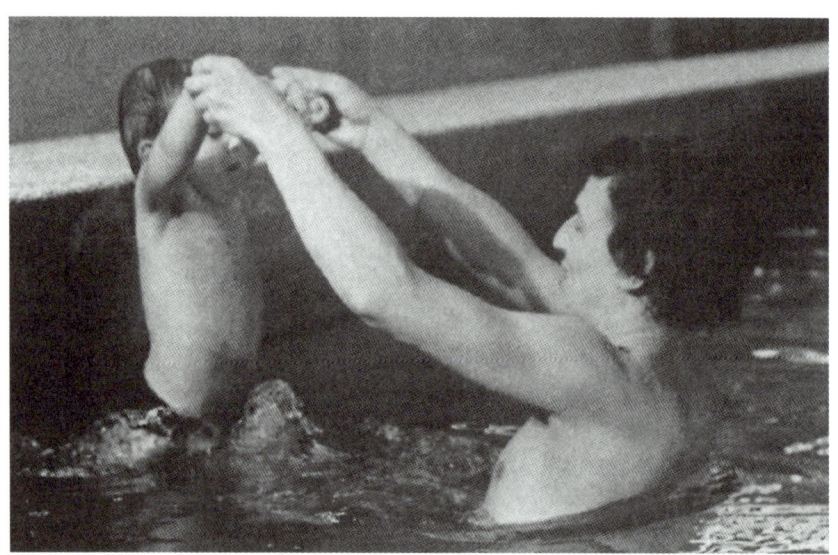

… oder Papas Arme.

Sie die Eintauchtiefe dabei auch einmal, allerdings ohne den Kopf des Kindes unterzutauchen. Wichtig ist, dass Sie dabei immer den Blickkontakt halten und sich möglichst gleichmäßig bewegen. Wer sein Kind mit einem schnellen Ruck hochreißt, erschreckt es nur unnötig!

Den allerersten Sprung üben Sie von einer breiten Sprossenleiter oder vom Beckenrand. Stellen Sie sich direkt davor ins Wasser und umfassen Sie Ihr Kind am Oberkörper, sobald es seine Ärmchen nach Ihnen ausstreckt. Nun können Sie es vorsichtig ins Wasser ziehen. Schon nach den ersten Versuchen wird Ihr Kind von diesem kleinen Sprung begeistert sein. Und mit der Zeit können Sie den Abstand zwischen sich und Ihrem Kind vergrößern. Bald wird es zum Springen Ihre Hilfe gar nicht mehr brauchen. Es reicht, wenn es Sie in seiner Nähe weiß. Diese positiven Erfahrungen vermitteln dem Kind ausreichendes Vertrauen, um später auch mit Schwimmhilfen ohne Ihre Hilfe vom Beckenrand ins Wasser zu springen. Dann setzt es sich nicht länger an den Beckenrand, sondern wagt den Sprung aus der Hocke oder sogar aus dem Stand. Aber haben Sie Geduld, wenn es

Grundlagen des
Babyschwimmens

vor der Höhe des Beckenrandes zurückschreckt und sich nicht zu einem Sprung aufraffen kann. Mit Druck erreichen Sie gar nichts. Lassen Sie Ihrem Kind vielmehr die Zeit, die es braucht!

Schwieriger ist es für die Kleinen, von einer Luftmatratze oder einer Badeinsel ins Becken zu springen. Denn das ist eine wackelige Angelegenheit, und es gehört eine gehörige Portion Mut dazu, den Absprung zu schaffen. Natürlich ist Ihr Kind anfangs auf Ihre Hilfe angewiesen. Setzen Sie es zunächst an den Rand der Luftmatratze und fangen Sie es sanft auf, wenn es sich ins Wasser rollen lässt. Wenn es Ihnen die Ärmchen entgegenstreckt, halten Sie es auch bei dieser Übung wieder am Oberkörper fest. Dieser Griff bremst die Auffangbewegung. Fassen Sie Ihr Kind stattdessen unter den Achseln an, kann es sich verletzen oder zumindest wehtun. Loben Sie es für jeden auch noch so kleinen Sprung.

Erste Erfolge motivieren und ermutigen zu weiteren kleinen Experimenten.

ELFTES KAPITEL

Auf Nummer Sicher gehen

Nach den ersten Besuchen im Schwimmbad fühlen sich Eltern und Kinder immer sicherer. Aber gerade da liegt die Gefahr, denn nun werden allzu schnell lebenswichtige Regeln außer Acht gelassen. Doch Sie sollten immer auf Nummer Sicher gehen, damit der Badespaß kein schreckliches Nachspiel hat.

Die wichtigsten Regeln

1. Nie mit vollem Magen ins Wasser gehen!

Für die Verdauung der aufgenommenen Nahrung wird in der Bauchhöhle viel Blut benötigt. Es kommt aus dem gesamten Körper – auch aus dem Gehirn. Setzt nun noch ein Kälteschock ein, kann das Gehirn unter Umständen nicht mehr ausreichend durchblutet werden. Das führt zur Ohnmacht und zur Bewusstlosigkeit. Und das ist im Wasser lebensgefährlich. Also immer erst ein bis zwei Stunden nach der letzten Mahlzeit ins Wasser!

2. Nie stark erhitzt ins Wasser gehen!

Ansonsten verengt das kalte Wasser die Blutgefäße an der Hautoberfläche sehr schnell, und es kommt zu einem plötzlichen Blutdruckanstieg. Und das ist besonders für die Menschen gefährlich, die ohnehin schon unter einem überhöhten Blutdruck leiden. Davon sind übrigens auch Kinder sehr häufig betroffen! Im Extremfall kann der Kreislauf zusammenbrechen, und es besteht Lebensgefahr!

Also: An heißen Tagen vor dem Sprung ins Wasser immer erst langsam abkühlen. Bereiten Sie Körperteil für Körperteil auf das Schwimmen im kalten Wasser vor.

3. Kinder sollten immer unter Aufsicht baden!

Sie können beim Planschen Gefahren noch nicht richtig einschätzen und geraten noch sehr schnell in Panik. Das gilt auch, wenn das Kind eine Schwimmhilfe trägt!

Eine Schwimmhilfe ersetzt keinen Babysitter und entbindet Sie nicht von Ihrer Aufsichtspflicht.

146

Auf Nummer Sicher gehen

4. VOR DEM BADEN GRÜNDLICH WASCHEN UND ZUR TOILETTE GEHEN!

Die Hygiene erfordert die gründliche Reinigung des Körpers vor dem Einstieg ins Wasser. Außerdem regt das kühle Wasser die Blasentätigkeit an, und da ist die Versuchung besonders für Kinder groß, den Urin einfach laufen zu lassen.

5. NIE ZU LANGE IM WASSER BLEIBEN!

Es hängt stark vom körperlichen Zustand und vom Alter des Kindes ab, wie lange es im Wasser bleiben darf. Generell gilt: Ein Kind unter zwei Jahren sollte nie in einem Wasser baden, das kälter als 20 Grad ist. Und auch ältere Kinder sollten in so kaltem Wasser nur maximal 20 Minuten bleiben. An heißen Tagen verkürzt sich diese Zeit noch. Der Grund: Das kalte Wasser entzieht dem kleinen Körper Wärme, und es drohen Unterkühlung und Erkältung. Folglich darf Ihr Kind auch erst dann wieder ins Wasser, wenn es ausreichend Wärme getankt hat. Und das spüren Sie, wenn Sie ihm über die Haut streichen.

6. NACH DEM BADEN ABTROCKNEN UND TROCKENES ZEUG ANZIEHEN!

Schließlich wurde dem Kind im Wasser jede Menge Wärme entzogen, und es soll sich nach dem Bad erst wieder aufwärmen. Trocknet es sich nicht sofort ab und lässt die nassen Badesachen an, verbraucht es unnötige Energie für das Trocknen der Kleidung auf der Haut. Wenn dann auch noch ein kühler Wind geht, ist die nächste Erkältung schon programmiert. Es drohen sogar Blasen-, Nieren- oder Unterleibsentzündungen.

7. IM WINTER AUSREICHEND SCHÜTZEN!

Nach einem Besuch im Hallenbad wird dem Körper im Winter ein riesiger Temperatursturz zugemutet. Er kann bis zu 40 Grad ausmachen, und darum ist Vorsicht geboten! Also, immer warm anziehen, Kindern eine Mütze aufsetzen und auch die eigenen Haare gut föhnen.

8. Die Nähe von Sprungbrettern meiden!

Es kann durchaus passieren, dass ein Springer den kleinen Schwimmer im Becken nicht sieht. Landet er dann auf dessen Kopf oder Rücken, kann es zu schweren Verletzungen kommen.

9. Nie einen Kopfsprung ins Lehrbecken machen

Das Wasser ist dort meist nur maximal 1,35 Meter tief. Und das ist für einen Kopfsprung viel zu flach. Der Aufprall kann nicht genügend aufgefangen werden, und der Springer schlägt mit großer Kraft auf dem Boden auf. Als Folge können Querschnittslähmungen auftreten.

10. Gezeiten beachten!

Bei einem Urlaub am Meer sollten Sie sich über Strömungen und Gezeiten ausreichend informieren. Lebensgefährlich kann es werden, wenn Sie bei Ebbe zu weit hinausgehen, um baden zu können. Werden Sie dann von der Flut überrascht, sind Sie auch als geübter Schwimmer in Gefahr. Außerdem sollten Sie ganz aufs Baden verzichten, wenn die rote Fahne weht. Sie wird immer dann gesetzt, wenn eine starke Strömung herrscht, wenn Sturm aufkommt oder ein hoher Wellengang eingesetzt hat.

Nicht vergessen: Bei Gewitter ist es lebensgefährlich, sich in einem offenen Gewässer aufzuhalten!

11. Mit Faltboot oder Luftmatratze in Strandnähe bleiben!

Sie werden schnell zum Spielball der Wellen. Und vor allem Kinder haben dann nur noch eine sehr geringe Chance, wieder ans rettende Ufer zu gelangen.

Auf Nummer Sicher gehen

Knapp unter der Wasseroberfläche könnten eine Sandbank, eine Klippe oder ein Fels verborgen sein. Und dann kann der harte Aufprall zu schwersten Verletzungen führen.

Anhang

Mit diesem Spielzeug macht der Schwimmbadbesuch Ihrem Baby ab einem Alter von etwa sechs Monaten gleich doppelt so viel Spaß:

Badeboote, NUK, vier Boote zum Ineinanderhaken, ca. 15,– DM

Badeentchen, Fisher-Price, drei farbige Hohlenten, ca. 15,– DM

Bootssortiment, Aqua Toys, drei verschiedenfarbige Boote,
      ca. 25,– DM

U-Boot, Aqua Toys, schwimmt unter und über Wasser, ca. 20,– DM

Vitali Fisch, Schaaf, Holzfisch, ca. 30,– DM

Wasserrad, Aqua Toys, mit Saugvorrichtung, ca. 25,– DM

Buntbälle, Togu, Kunststoff, Ventil zum Aufpumpen, ca. 7,– DM

Softbälle, Hanus, Spezialschaumstoff, ca. 10,– DM

Darüber freut sich Ihr Kind ab etwa 18 Monaten:

Eimerchen, Fisher-Price, 3 Eimerchen zum Gießen, Sieben,
      Kunststoff, ca. 20,– DM

Eimer mit Sieb, Schneider, Kunststoff, ca. 4,– DM

Gießkanne, Spielstabil, Kunststoff, ca. 10,– DM

Rieseneimer, Playsam, Kunststoff, Höhe 25 cm, ca. 20,– DM

Softeimer, GOWI, Kunststoff, ca. 4,– DM

Deutscher Schwimmverband e.V.
Im Neuenheimer Feld 710
69120 Heidelberg
Tel. 0 62 21-41 16 43
www.dsv.de

Deutscher Schwimmverband e.V.
Korbacher Straße 93
34132 Kassel
Tel. 05 61-94 08 30
www.dsv.de

Deutscher Sportärztebund
Kommission Kinder- und
Jugendsport
Prof. Bodo-Knut Jüngst
Kehlweg 64
55124 Mainz
Tel. 0 61 31-47 27 27

DLRG-Bundesgeschäftsstelle
Im Niedernfeld 2
31542 Bad Nenndorf
Tel. 0 57 23-95 50
www.dlrg.de

Deutsche Sporthochschule
Köln
50927 Köln
Tel. 02 21-4 98 24 24
www.dshs-koeln.de

Universität Heidelberg
Institut für Sport- und Sport-
wissenschaften
Im Neuenheimer Feld 700
69120 Heidelberg
Tel. 0 62 21-54 86 22
www.issw.uni-heidelberg.de

LITERATUR

Bauermeister, H.: *Schon in der Badewanne fängt es an*, München 1972

Bresges, L.: *Babyschwimmen*, München 1973

Cherek, R.: *Säuglings- und Kleinkinderschwimmen*, Dortmund 1998

Conradi, L.: *Das beste Spielzeug für mein Kind*, Reinbek 1998 (rororo 60580)

Mönkemeyer, K.: *Schon Babys schwimmen mit Vergnügen*, Reinbek 1996

Zeiß, G.: *Babyfitness*, Niedernhausen 1999

156

Anhang

Kinder haben eine Lobby

die **Deutsche Liga für das Kind**

Partner von *rororo Mit Kindern leben*

Die Deutsche Liga für das Kind ist ein Zusammenschluß der wichtigsten Verbände, die sich für die Belange der Kinder in den ersten Lebensjahren einsetzen.

Die Liga verfaßt Stellungnahmen zu Gesetzentwürfen, organisiert Fachtagungen, initiiert Projekte, ist Herausgeber der Zeitschrift *frühe Kindheit* und bietet Eltern und Fachleuten ihre Service-Leistungen an.

Für einen guten Start ins Leben
Die Info-Pakete der Deutschen Liga für das Kind

☐ **Paket 1** (12,- DM incl. Versandkosten)

- Informationen über Mutterschutz und staatliche Leistungen für Eltern
- Entwicklungskalender erstes Lebensjahr
- Faltblatt mit Informationen zum Stillen
- Adressenliste von Einrichtungen „Rund um die Geburt und das 1. Lebensjahr"
- Informationen über die Deutsche Liga für das Kind
- Gesamtverzeichnis der Reihe *Mit Kindern leben*

☐ **Paket 2** (18,- DM incl. Versandkosten)
Inhalt wie Paket 1, zusätzlich:
- 12 Elternbriefe zum 1. Lebensjahr, hrsg. vom Arbeitskreis Neue Erziehung
- Probeexemplar der Zeitschrift *frühe Kindheit*

Sie können Ihre Bestellung telefonisch oder per Fax aufgeben oder diese Seite an folgende Adresse schicken:

DEUTSCHE LIGA FÜR DAS KIND in Familie und Gesellschaft e.V.
Chausseestr. 17, 10115 Berlin
Tel.: 030 - 28 59 99 70   e-mail: Liga-Kind@liga-kind.de
Fax: 030 - 28 59 99 71   Internet: www.liga-kind.de
Commerzbank Berlin, Konto 266 2385, BLZ 100 400 00

Kinder brauchen eine Lobby

In der Deutschen Liga für das Kind arbeiten Fachleute aus den Bereichen Gesundheit, Erziehung, Sozialwissenschaften und Recht zusammen und ermöglichen einen intensiven Kontakt zu Wissenschaft, Praxis und Politik. Dabei stehen folgende Aufgabenbereiche im Mittelpunkt:

Kinder brauchen starke Eltern
Die Elternverantwortung zu stärken, bedeutet nicht nur, öffentlich auf die unverzichtbare Rolle der Eltern hinzuweisen, sondern auch, Eltern selbst Aufklärung und Unterstützung anzubieten.

Kinder brauchen Schutz
Kinder haben ein Recht auf die Förderung ihrer natürlichen Begabungen. Das gilt nicht nur für den rechtlichen Schutz, sondern auch für familienergänzende, wenn nötig familienersetzende Angebote für Kinder.

Kinder brauchen Beteiligung
Schon von Geburt an muß die eigenständige Persönlichkeit des Kindes sowohl im rechtlichen, als auch im psychologischen Sinne Anerkennung finden. Hierzu gehört auch, die Interessen von Kindern und Familien im politischen Raum zu stärken.

Kinder brauchen materielle Gerechtigkeit
Die Entscheidung für ein Kind gehört heute zu den größten Armutsrisiken. Der Beitrag, den die Erziehung von Kindern in der gesellschaftlichen Gesamtrechnung leistet, wird in unserem Steuer- und Rentensystem in einer nicht länger hinzunehmenden Weise unterbewertet. Eine Korrektur dieses Mißstandes ist überfällig.

Kinder brauchen bessere Lebensbedingungen
Beim Wohnungsbau, der Stadt- und Regionalplanung und in allen anderen Feldern, die zur Lebensqualität von Familien beitragen, müsen Bedingungen geschaffen werden, die ein Leben mit Kindern erstrebenswert machen. Dies gilt auch für die Arbeitsplatz- und Arbeitszeitgestaltung der Eltern.